岩波現代文庫／社会 301

沖縄 若夏の記憶

大石芳野

岩波書店

目次

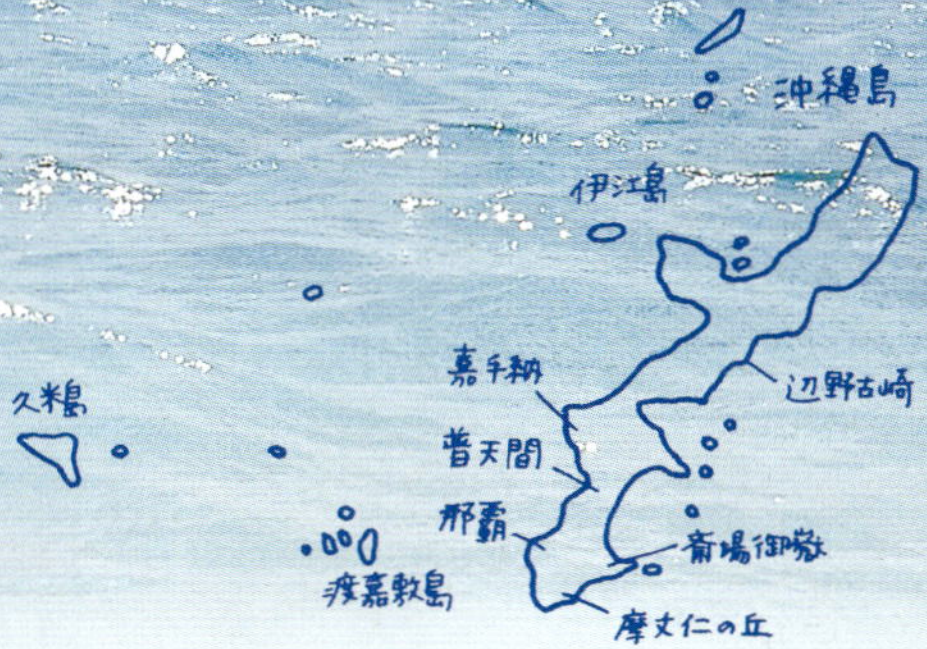
沖縄島
伊江島
辺野古崎
嘉手納
普天間
那覇
斎場御嶽
摩文仁の丘
久米島
渡嘉敷島

宮古島
与那国島
西表島
内離島
石垣島
南風見崎
波照間島

七色の海

明けてきた空が、濃紺のトーンに彩られ始めた。薄い色合いの東から、まだ明けない西の空までの半宇宙が静寂の空間を創り出している。白んだ丸い月が、となりの陸地へと歩んでいく。

その歩調に合わせるように、黄色味がかった薄青さが増してきた。海も眠りから覚めたように、体を揺すぶって小波をたてた。

小綺麗に身を調《ととの》えた海は、太陽とのまたこの日の出逢いを静かに待つ。七色に染められた空は太く壮大な虹が架かったようだ。虹色を反映した雲は、にわかに手を踊らせ話すように動きだす。

水平線が白く光るように滲んだ。と、その瞬間にはもう、真っ直ぐな長い光が波間に突き刺さっていた。あの虹色はどこにも見当たらない。

眩しさに瞬く眼もとに、ぼんやりと海の青さが入ってきた。昨日の青さの幻影か……。夢と現《うつつ》が揺れ動く。

ふと、目を見開くと、そこには碧い海が語りかけるようにあった。千年前と同じ雄大な顔を、こちらに向けていた。

濃紺、水色、青紫、薄緑、深緑……、さらに、翡翠《ひすい》色とトルコブルーを加えたような色合いが漂う。風が吹いて、白い波は鎖を長く、短くしながら踊る。色彩が揺れて華やぐ。

沖縄では古くからティダと呼んでいる太陽の光を抱き込んだ海は、ゆったりと潮を送り込みながら白い岸辺に細波《さざなみ》を運ぶ。そこここに、珊瑚《さんご》のかけらや貝殻が描いた絵が並ぶ。砂のキャンバスに創られた作品は、次々にやってくる新しい波の多様な作品に取りかえられていく。

ぐるりと島を取り囲んだ海面に、小魚が現われては潜る。柔らかな珊瑚の森のなかで、色とりどりの小さな魚が遊ぶ様子が、海面からも微《かす》かにうかがえる。

グラスボートを繰り出してもらった。いる、いる、たくさんの魚がすいすいと泳いでいる。まるで、空を飛ぶ鳥のようだ。

山や崖、森や野を飛び回り、そして樹木の小枝に止まって羽を休める。虫をついばみ、夫婦が寄り添い、雛を育てる。鳥の世界は子どものころから、折に触れて垣間見

てきた。それだけに、ボートから見下ろす珊瑚礁の海底はまるで、地上の光景にそっくりだ。

潜ったこともある。そのときもやはり、そう感じた。何年たっても同じ感動を繰り返している私を、スキューバダイビングに馴れ親しんでいる人たちは、笑うかもしれない。

ニューギニアのジャングルの上を小型機で飛んだことがある。樹木が、敷きつめたじゅうたんのように鬱蒼としていた。暗い木々の間に、白く動くものがちらりと見えた。おや、と思った瞬間、深緑の上に姿を現わした。真っ白い大きな鳥だった。

窓に額を押しつけて、食い入るように眼下のジャングルを見続けた。山あり、谷あり、そして、渓谷や湿原といった険しさと変化の激しさの景観が通り過ぎていった。その合間を、さまざまな鳥が舞い上がったり潜ったりしながら、飛び回っていた。

ボートの船底に付けられたガラスの下に広がる世界は、まさに、眼下に広がっていたニューギニアのジャングルを思い起こさせた。

目を上げると、環礁の向こうに漁船が見えた。鎖のように繋がった珊瑚の外側は、黒い青だ。海の深さを物語っている。低いうねりのような波が環礁にぶつかっては、白く砕けていた。

夜明け前に出た船が、漁を終えて戻ってきた。舟先につけた魔除けの草の結び目が光を受けて、不思議なかたちに見えた。漁夫たちのきりりとした表情が遠くから感じられる。青い海のせいもあろうが、豊漁だったからでもあるのだろう。

色鮮やかな熱帯魚に加えて、人びとが好物にしている魚の漁礁は多い。ミーバイ(ハタ)、イラブチャー(アオブダイ)、鰹、鯛、百キロはあろうカジキ鮪も獲れる。パヤオ(浮き漁礁)を使った漁法が一般的だ。

浜の方に視線を送ると、船の姿を見て浜に集まってきた人の姿がちらほらあった。今日の収穫を共に喜びたいと、ボートを浜に向けた。

漁港の小さな村では女性と子ども、お年寄りたちが眩しそうにしながらも、笑顔で待っていた。この日も、舟上げされた魚の分け前分をもらった。色も形も、さまざまで珍しい。同じ鯛といっても、ずっと鮮やかな色だ。

砂のキャンバスに魚が置かれた。そして、濡れた跡形だけ残して、声は遠のいていった。

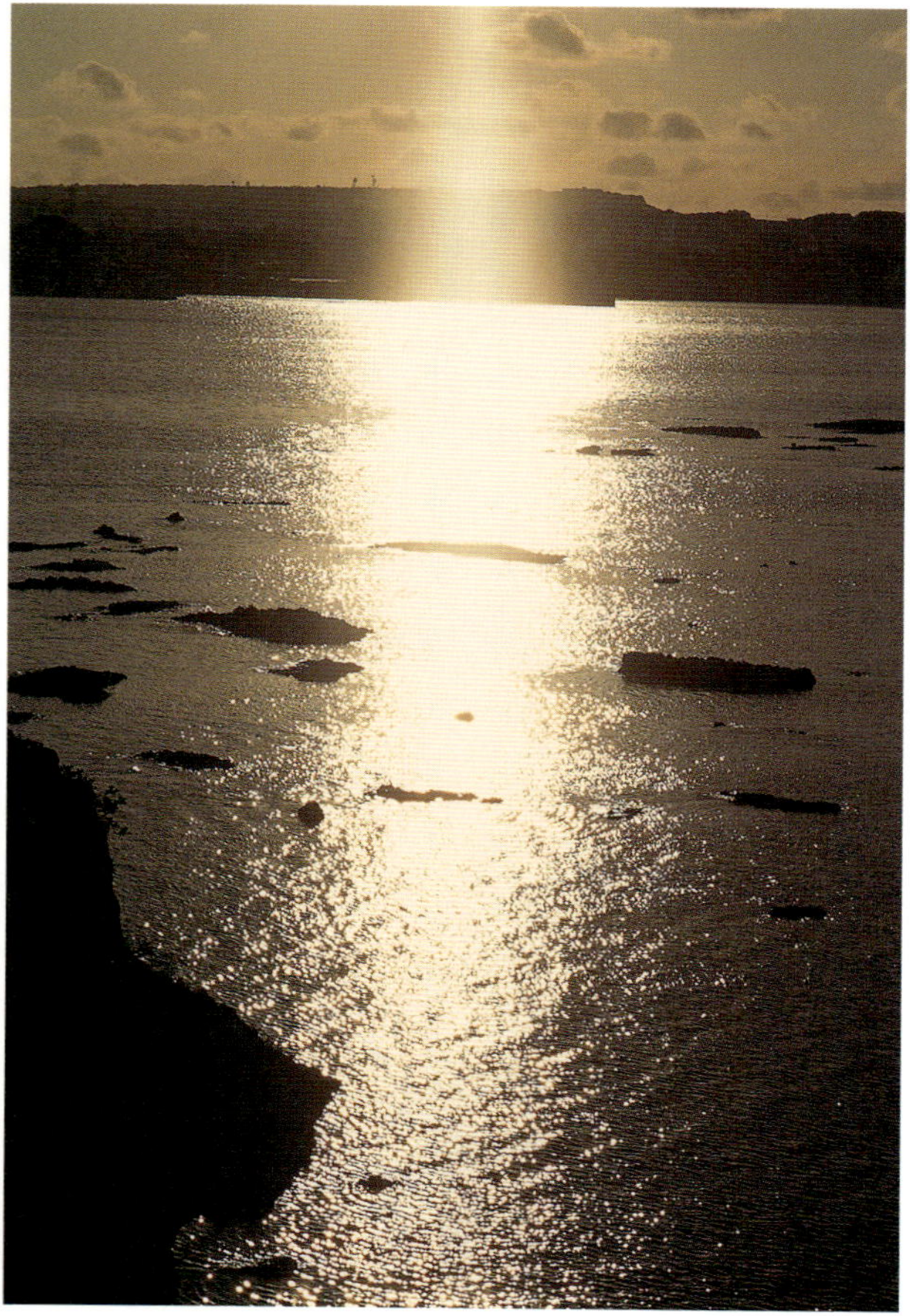

海原での出逢い

ウチナーンチュ(沖縄の人たち)は帆船をフェーカジ(南風)に乗せて繰り出し、中国など遠くの国々と貿易を行なった。珍しい物品や文化を満載してニシカジ(北風)に乗って、再び琉球に戻ってきた。また、ウミンチュ(海人)はその逆の風を操り、黒潮にも頼って太平洋の島々へと出かけていった。

黒潮に乗ってやってきた人びとからの伝達もたくさんある。その一つが舟先の鮮やかな模様だ。そして、太平洋のなかで出逢ったポリネシアやミクロネシア、東南アジアなどのさまざまな民族から教えられたものは、数しれない。

昔、ウミンチュは木造船に乗って環礁から外へ漕ぎ出した。けれど、ぐるりと水平線に囲まれた海での出逢いは嬉しくもあるが、同時に、極端な不安感に襲われた。時には、体の震えが止まらないこともある。それでも、気づかれないように装った。相手も自分と同じ心境にあるだろう……。

そう気がついたとたん、不安は海底に沈み込むようにスーッと消えていった。

さあ、もう大丈夫。

相手の船に向かって、ウチナーンチュは出逢いの挨拶を送った。何らかの武器を携えているかもしれないという心配は拭い切れなかったが、気を取り直して笑顔で近づいた。


相手から返ってきた言葉は、歓迎の挨拶だ。


ウチナーンチュはこうして、不安を押し隠して、いつも挨拶を欠かさないように努めた。相手も同じように震えていたに違いないから、先に大声で安心感を送った方がこちらも安泰だ。

それればかりでない。友だちにもなれた。海の真ん中でできた友情ほど貴重なものはない。それがたとえ、短時間の行きずりだったとしても、友情は心に深く滲みわたるものだ。

相手の心にも深く刻まれたことだろう。そして、「リュウキュウの人」という名は少しずつ口から口へと伝わっていった。

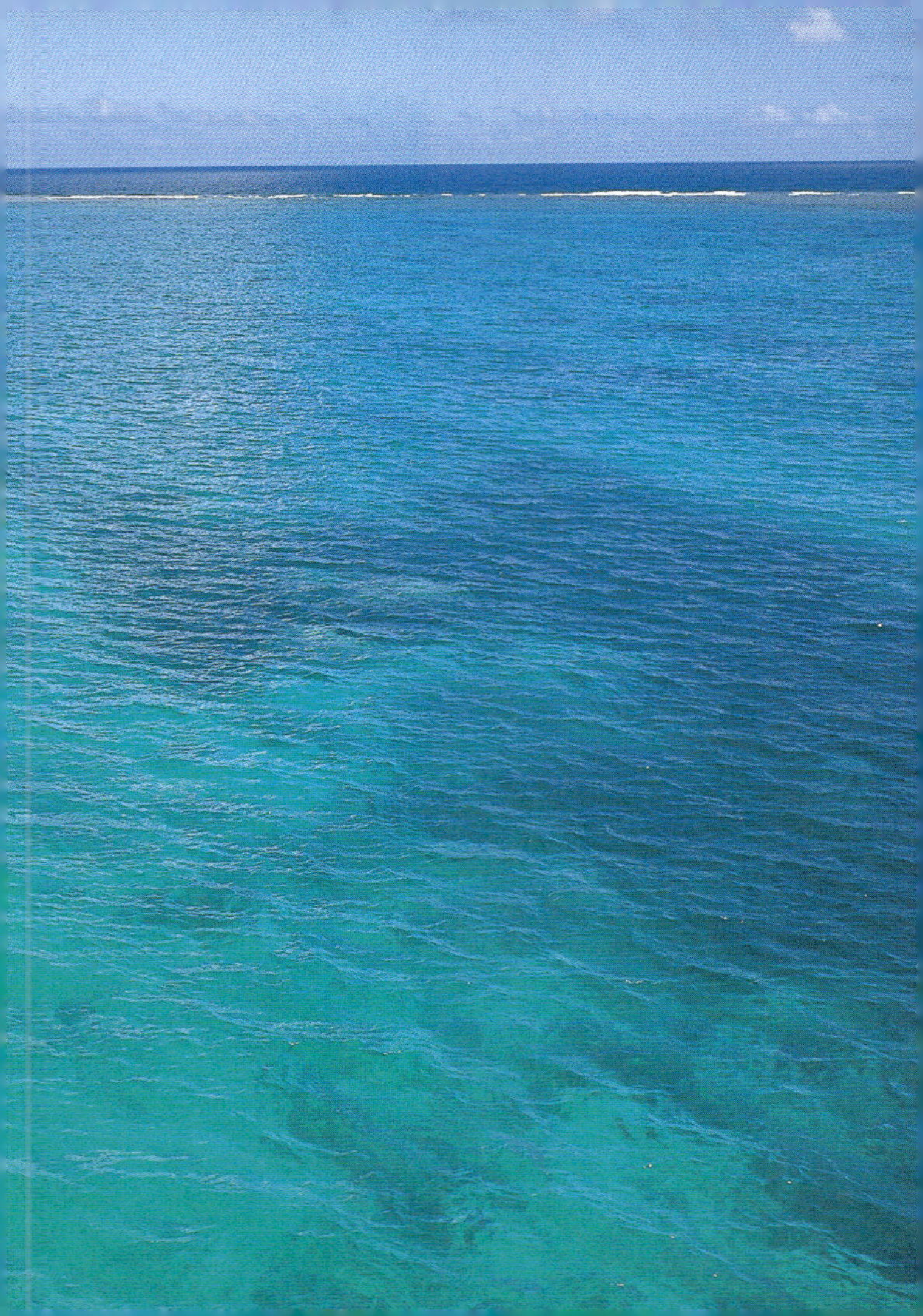

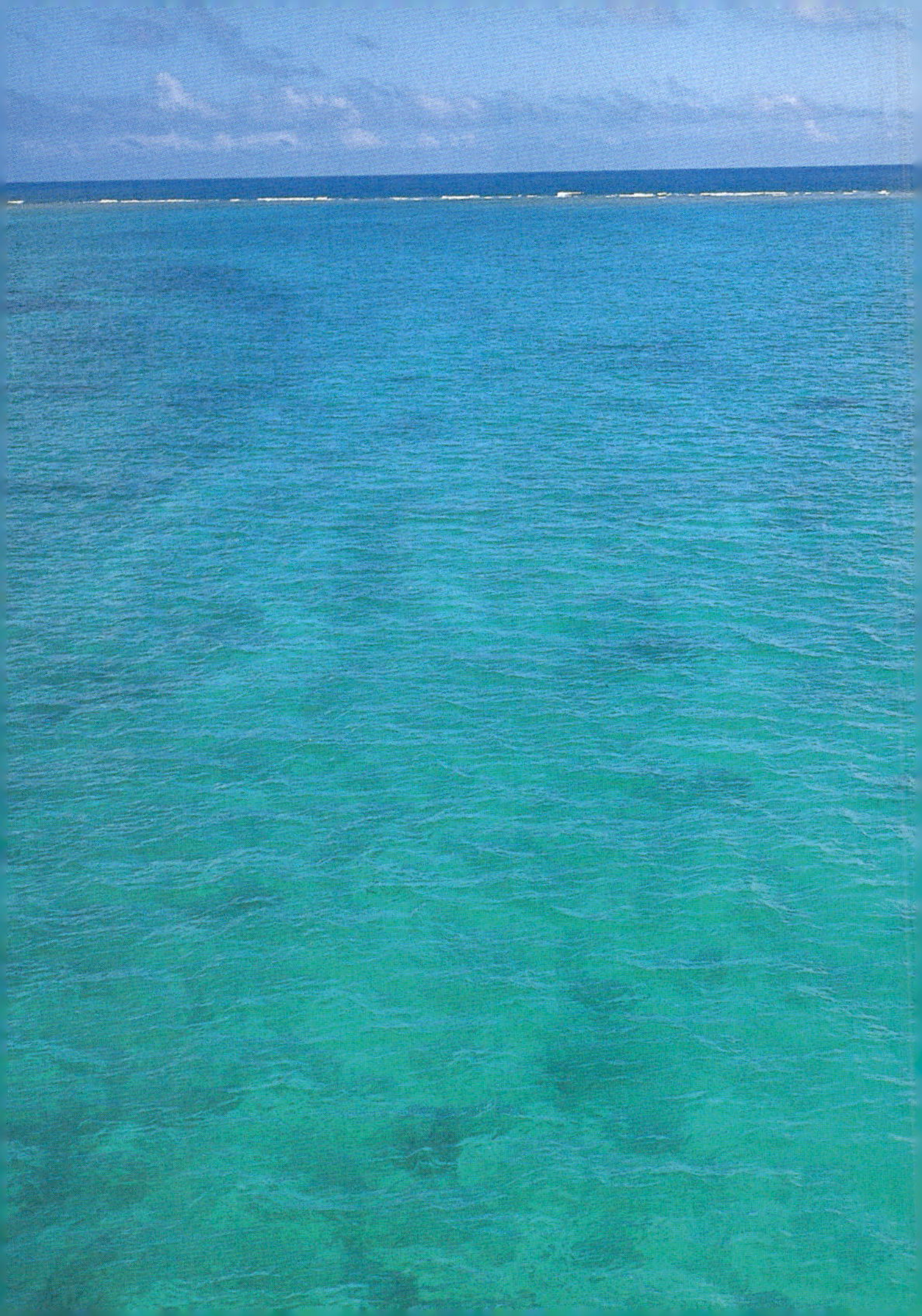

「ああ、リュウキュウの人か。うちへ来ないか。見せたいものがあるよ」

「その後は、こっちだ。待ってるよ」

そうした会話が、広い海のあちらこちらの地域で交わされていたことだろう。


島育ちのウチナーンチュは海原の旅を重ねた。行き合った相手を敵と思って身構えることを、人びとはとことん避けた。

敵は倒すものであり、奪うものだ。そうでなければ、こちらがやられてしまう。そうした論理もあるだろう。

ところが、敵だとしても、こちらが先に笑顔で挨拶をすれば、人間同士の理解や和みも生まれることが多い。温かい気持ちが湧き出てくるものだ。人間として誰もが持ち合わせている感情を、ウチナーンチュは優しく表に現わした。それが、琉球国の人びとが相手から多くを得る結果になった。

奪えば一度だけの収益だ。しかも、こちらも無傷というわけにはいかない。儲けの利潤しか頭にない言動も、悪名をとどろかせ、先を暗く細くするばかりだ。

友情は末が長い。気持ちも落ち着いていられ、文化も物資も相互に伝えられる。こんな良いことはない。

長い目で見た本当の得とは何なのか。ウチナーンチュは昔々、海原を行き交いながら気づいていた。

相手と仲良くするとはいっても、相手の上に立ちたい、征服したいといった欲は、隙があれば頭をもたげてしまう。それを抑えるのが理性かもしれない。

とすると、ウチナーンチュはさぞかし冷静な民族ということになるのだろうか。いや、必ずしもそうとはいえない。私たちヤマトゥンチュと似ていて、けっこう、熱しやすく冷めやすい面がある。

ではなぜなのだろうか。

ひとつには、相手の気持ちをおもんぱかる心遣いに富んでいるといえる。たとえばこんなふうにだ。

自分が怖いから、相手も襲いかかってくるかもしれない。自分が嫌なのだから、相手も不快に違いない。自分が欲しいから、相手も望んでいるだろう。自分が気持ちよいことは、相手も心地よいだろう。

それほど相手のことを考えて行動していたら、何も得られないで、かえって、失うばかりだ。競争の激しい今日の状態では、むしろ当然ともいえる。けれど、ウチナーンチュは、よほどひどいことでない限りは、まず、相手のことに思いが傾く。

とはいっても、自分を押し殺して相手を活かす、というのではない。たとえば沖縄に通い始めて日の浅いころこんなことがあった。

通りのほぼ中央に、車が止めてあった。運転手はいない。どこに行ったのだろうか。何しているのだろうか。こんな、ど真ん中に駐車して……。

友人は私が同乗した車を止めて、相手をあちらこちらと探しだした。急いでいるわけではないが、ここで使う時間があったら、もっと別な所でゆっくりしたい、と私は少しあせる。

やっと、相手を見つけた。その人はのんびりと、ゆっくり歩きながら、にこにこ顔だ。何をしていたのか、こんな所に止めて、礼儀なし……と、胸にさざ波が立つ。

ところが、こちらの車を運転していた友人は、やっぱり、にこにこ顔だ。そして尋ねるのだった。

「ヌーヌ　アタガ?(何かあったの)　大丈夫ねー　チューン　アチサンヤー(今日も暑いね)……」

和やかに話しかけて会話を弾ませる。あっけにとられながら、二人の様子を眺めた。ごく自然で親しげだ。そうか、知り合いだったのか。ナンバープレートでわかったのだろう。ならば、怒るわけにもいくまい。

「いや、大丈夫、ちょっとそこの所まで行っていた」

クバの葉の笠をかぶった中年の男性は、手を上げて方角を示した。悪びれるふうもない。

しばらく話して、笑顔で別れた。

訊きにくかったが、誰なのかと尋ねてみた。

「サトウキビを作っているらしい」

らしい、ではないだろうに。

「いや、知らない人だ。初めて会ったさ」

そんなこと、いつものことだといわんばかりの、ごく当たり前のような口調で返ってきた。

これが、ウチナーンチュの姿なのだと、深く考えさせられた。

こうした謎を解きたくて度々、沖縄を訪れる羽目になった。訪れるうちに、底無し沼のような魅力の虜になり、今日まできてしまっている。

平和な島

初めての地に足を踏み入れたとき、どこかに似ていると感じることがある。かつてこういう場所へは行ったことがある、いつだったか、夢の中で見た光景なのか、などと不思議な感覚にとらわれる。

那覇空港に初めて降り立ったときも同じような思いになった。一九七二年のこと、日本に復帰した直後の沖縄に、胸をときめかせながら降り立った。

タラップを降り始めたとたん、熱気に包まれた。むせ返るような空気の中で、記憶の中に漂っている匂いを感じた。どこで嗅いだものだったろうか。

そうか、東南アジアの町だ……。そう気がついたとたん、懐かしさと嬉しさで体が浮き上がるような感じになった。

日本への復帰運動に沸いていた頃の沖縄は、青い空や珊瑚礁の海といった憧れの対象というよりも、政治の島という印象が強かった。ぼんやりとしていた私にとって、

読谷の残波岬

はじめのうちは遠い問題であったが、アメリカ軍の占領下からの解放を願って闘う人びとの姿は、感動的だった。やがて突き上げてくるような情熱が、次第に若い私をじっとしてはいられない思いにかりたてていった。

そのころの世界は冷戦構造のまっただ中にあった。アメリカは、泥沼化の一途をたどるベトナム戦争からなかなか手を引けずに苦慮していた。それだけに沖縄の行動について「共産主義国、とりわけソ連を利するだけだ」という反発の声が日本には少なくなかった。

沖縄の人びとの行動は「反米、親共」と括られがちになっていた。占領下からの脱却がなぜ、非難の対象にならなければならないのか。なぜ「親共」に繋がるのだろうか。そういきり立ったのは沖縄の人たちばかりではなかった。

様々な懸案を残しながらも、沖縄は一九七二年五月十五日に四十三番目の県になった。

これで良かったのだろうか……。アメリカ軍基地も核の問題も先送りだ。こんな形の復帰はあるのだろうか。独立という道もあったのではなかったろうか……そうした意見さえ耳にした。

人びとは闇のような不安と疑問を抱えながらも、念願の復帰が叶ったことをひとまずは喜んだ。

もう、アメリカに許可をもらわなくても、沖縄を訪れることができる。大きな喜びを抱いて、私は早速に沖縄に向かったのだった。

それまでにも、沖縄へ行きたいと何度も思って試みていた。復帰以前は、パスポート以外に身元引受人が必要だったが、相当する人を私は知らなかった。そこで、当時日本の最南端だった与論島まで行けば、なんとかなるかもしれないと考えた。一九六八年四月二十八日、沖縄と与論島を結ぶ海上デモがあったのをきっかけに、もしかしたら、渡れるルートができているかもしれないという期待を持った。

鹿児島からポンポン船で、一昼夜の旅をした。むろん、甘い思惑は簡単に裏切られた。与論島の丘に登って、私は目の前に横たわる緑色の沖縄を長い間、眺めるしかなかった。

その後、さらにこだわって台湾へも行った。台湾からすんなりと渡れるはずがない。わかってはいたのだが、あきらめられない気持ちもあり、丘の上から東をのぞんだ。水平線に飲み込まれるほど低く薄青い島が微かに見えるような見えないような。

「あちらの方向がオキナワです」

案内してくれた中年の台湾人が、流暢な日本語で教えてくれた。彼は中学生で終戦を迎えたという。

「かつて、台湾には沖縄の人も少なくなかったですよ。事業や商売の人、奉公の人、疎開した人。でも日本の敗戦で強制的に帰国させられて、皆あわただしく戻って行きました」

台湾と沖縄は距離が近く、昔は簡単に行き来していたこともあって、よく似た風俗や風習がある。

与論島、台湾、沖縄は、風土ばかりか、住まいや料理、織物、祭りや風習、さらには人びとの容貌もよく似ている。島々には、台湾との交易で栄えた町の、今は石の土台だけになった箇所を草むらのなかに見つけることもある。

類似点や相違点を見つけながら沖縄とつき合っているうちに、ウチナーンチュが広くアジアの人びとに溶け込んで生きてきたことを、強く実感するようになっていった。それだけに、「沖縄はアジアの臍《へそ》だ」という言葉には、頷けるものがある。

地図を広げて見ると、沖縄は日本と他のアジアの国々との真ん中にあって、いうなれば弥次郎兵衛《やじろべえ》の心棒の位置にある。

沖縄の前に何度か東南アジアを訪れていた私には、その繋がりが自然に感じられた。

アメリカ軍は沖縄を「キー・ストーン」という。要石《かなめいし》の存在であることは、臍と同じ意味合いだが、こう呼ぶようになった由来はもうひとつある。琉球文化の真髄でもある城《グスク》の建築だ。

琉球時代もさることながら、先の大戦もあって城は壊滅して、当時のままで残っている城は一つもない。その代わり、石を積んだ城壁が、熱帯植物に侵食されてはいるものの、琉球王朝の痕跡を語ってくれている。

その一つ、知念城跡は、復元された首里城の華やかさに比べて、深い緑の草木に囲まれた低い山の頂にある。樹齢何百年ものアコウや福木《ふくぎ》、アカギなどの古木に混じって、ヤシなどの自生した植物が静けさを強める。城壁や石段の大小さまざまなごつごつした石は、計算されて積み上げられている。苔むしたそれらの姿が、十六世紀の尚《しょう》真王《しんおう》の時代を忍ばせていた。

石段を上がり、アーチ型の門をくぐりながら天井を見ると、木を一本も使わずに重ねて組んだ石の緩やかなカーブが、長い歴史を感じさせた。

アーチ型の両側には長方形の石があって、中央に比較的小さい石がある。この小石が、両側を支えている。いわば、この小さき存在がないと、総崩れになってしまう重

◀知念城跡

要な役目だ。まさに要石だ。琉球文化の深さがここにもある。

カンボジアのアンコール遺跡もこの仕組みで造られている。カンボジアとウチナーが、どことなく似ていると感じるのは、ひとつにはどちらも要石文化の歴史を持っているからだろうか。

カンボジアばかりか広く東南アジアや太平洋の島々に住む人たちと、ウチナーンチュは同じような心情を持ち合わせる。双方とも相手の心に土足で踏み込むような無礼な振舞は、日常生活の中では今でもほとんどしない。

他人《ちゅ》に殺《くる》さってぃん寝《に》んだりーしが、他人《ちゅ》殺《くる》ちぇー寝《に》んだらん

これは、他人に痛めつけられても眠ることはできるが、他人を痛めつけたら眠れない、という意味の言葉だ。

たしかに、相手を一方的になじっている言葉を沖縄で聞いたことがない。私たちヤマトゥンチュだったら怒鳴るだろうにというときでも、だ。

その度に、考え込んでしまう。

ウチナーンチュの優しさや懐の深さには敵わない。それにしても、このことわざの

ような優しさを、人びとはどのようにして、慌ただしく騒然とした現代にまでも持ち続けてこられたのだろう。もっとも、狭い島の中でいちいち怒ったり喧嘩をしていたのでは、息苦しくなってお互いに暮らしてはいけない。そうした理由も一方にはあるかも知れない。

でもこの深い優しさは、何よりも海を介して付き合ってきた他民族との、平和な共存を願う思想に他ならないのではないだろうか。「平和な島」とは、先祖代々の「往《い》にし方《え》」から脈々と体の中で繋がってきた祈りのような言葉だ。

「平和な島」であり続けるには、相手もまた、平和でなければならない。ごく当たり前の個人の気持ちが広がって、大勢の願いになり、沖縄の歴史として培われてきたように思う。

織りロマン

中国古代の遺跡から、薄れた赤色、黄色の切れ端が板や人骨に寄り添うようにして、現われた。糸らしきものが見えるから布だろうといわれた。また藤ノ木古墳(奈良県)でも、石棺のなかからキラキラと輝く金糸らしきものが見つかった。感動的だ。遠い昔の人びとが布に込めた思いの深さが伝わってくるようだ。

現代は機械化の大量生産で、継ぎを当てて使うこともなくなった。自然が相手の田舎の生活でも、意識は都会化した。限りない欲望を満たそうと、私たちは一心不乱だ。その結果、自然を壊し、悲しい歴史を地球に刻んでしまった。

憧れの都会や大学での生活、近代的な職場などにも、どうしても馴染めない。何が本当の自分なのだろうかと、鬱々と悩む。

自己流ながらも古代に繋がりたいと思う人たちが、随所に現われた。そして出会ったのが、昔ながらの手作業だった。染織という孤独ななかにある憩いに救われながらも、一方では自分を見つめることなくして、創作はうまれない厳しさがある。伝統や形式の規制もあろう。けれど、地中の深くで長く眠っていた布のロマンを思えば、無限の可能性が広がっていそうだ。

宮古島から那覇へ行って大学を卒業し、客室乗務員になった新里玲子さんも、自分らしいものは何なのかを摑み切れないでいた。そんなころ、琉球王国時代の古い宮古上布《じょうふ》の絣《かすり》織に出会った。溜め息が出るほどに細かくて色鮮やかだ。

「なんて魅力的な布なんだろうか」

元来は、南の太陽を存分に吸収して育った島の自然の艶やかさがある。その色を絣に表わしたのが宮古上布だった。

ところが、歴史は残酷だ。一六〇九年、薩摩藩に琉球王朝が支配された後、高額な税金に人びとは苦しめられた。女性たちの上納は反物《たんもの》だった。薩摩が気に入る柄や色が強要され、同時に、色鮮やかな着物を着ることは御法度となった。

かつて、開放的な色や柄が普段着のなかにもあったことに、玲子さんは強い興味を

巧みに紡ぐ麻糸

抱いた。

結婚して宮古島で暮らすようになった彼女は、それまでの仕事とはまったく違った、物を創り上げるという手仕事の世界に入りこんでいった。

玲子さんの朗らかさが、新しい宮古上布の創作の世界を切り開いた。

初めて会ったときは、平良《ひらら》市のほぼ中心にこぢんまりとした家を借りて暮らしていた。幼い子どもが二人、母にまとわりついて甘えた。それでも、母親が部屋の隅に置かれた機織《はたお》り機に座ると、二人は我慢した。

母の顔を見上げる幼い子どもたちの姿と、真剣な表情で織る玲子さんの横顔が深く印象に残った。

久し振りに訪ねると、二人とも高校生に成長していた。初対面の下の二人は中学生と小学生だ。さらに、一家は夫の実家に移り住んでいた。いなかにあるゆったりとした空間が、玲子さんの創作意欲をかき立てているようだった。

生き生きした大きな瞳と早口の調子は、母、妻、嫁そして師匠をやり抜いている自信でもあるのだろう。何と頼もしいことか。

デザイン・ブックに相当する御絵図《みえず》帳が琉球王国時代からどの地域でも使われてい

た。宮古上布もさまざまな柄を構成した図面に忠実に織るのが、伝統的なやり方だ。

「私のは、その時の気分や感情を、個性にして織ってしまうの。他人はミスしたというけれど、私にはかえって面白いの。糸の向くままに、糸の持ち味を生かして」

そうした考え方は、人間関係でも同じで、彼女はまず、受け入れることから出発するという。拒否は、得てして摩擦が生じやすいからだろう。

「厳しさがないのね。何でも良しなの。歳をとったら厳しくなれるかしら」

彼女の作品を見たら誰もが「とんでもない」とすぐに思うだろう。

伝統的な柄の矢絣を織るにしても、玲子さんはデザインをアレンジする。

「織りながら勝手にずらしていくの。何をイメージしているか、むろん把握したうえのことよ」

作品を見せてもらった。白地に青の濃淡の色調は、矢絣というよりも、海岸に打ち寄せる波や砂浜だ。

矢絣を気ままにずらして織った色違いの作品がほかにもいくつかある。緑のトーンは丘や大草原、そして茜色と紫のぼかした色合いは海原だろうか。どれもこれも、宮古島の自然が見事に織りなされている。

住まいの周辺にはサトウキビ畑が多い。その道を歩きながら、今度はこの緑を、こ

新里玲子さんの作品

の葉の形を、この光を、と想像に胸を膨らませるという。

「一人で、創造をイメージしているときが一番、楽しいの」

大きな目が一段と輝いた。


近頃はアジア各地から、様々な布地が入荷されて町に出回っている。質も良いものが多い。それらを目にして、彼女は悩んだ。

「こんなに安い値段で、かなわない。私の織りって、いったい何なのだろうか」

まだ、その悩みから抜け出してはいない。

「糸こそが自慢できる最大のもの、生命ね」

麻の栽培の多くは、島のお年寄りに頼っている。髪の毛のように細い糸も、おばあさんたちの勘と技があればこそのものだ。彼女たちが麻糸を紡いでくれている間は大丈夫だ。


以前、宮古島を訪れた時に九十九歳の下地カマさん(明治十六年生まれ)に会った。手の甲から腕にかけて、文身図(針突《ハジチ》)が描かれていた。その時代の女性の多くが、米の字を模様化したものや、機織り道具、ハサミ、上布の模様などを刺青していた。

「宮古での人頭税は苦しかったそうな。私は子どもでわからなかった。でも、幼くても歩けるようになったら、女の子は機織りの手伝いをしたものさ。この私も、ね」

はっきりした口調でそう話してくれた。カマさんの少女のような笑顔が強く印象に残った。ハジチをしたお年寄りは、もう随分と少なくなってしまった。

「麻は丈夫だから、宮古では愛用されて大事にされているの」

玲子さんはおばあさんたちを労《ねぎら》うような優しい笑顔で、籠に入れた麻糸の束をしばし見つめていた。

広く開け放たれた入り口に、掛けられた白い麻のれんが風に揺れた。昼下がりの色づいた光が、踊るのれんの隙間から差し込んでは木目の床に模様を創っていた。

静かな時間が流れていたが、いつの間にか、カッタン・カッタンと鳴る筬《おさ》の音が響いてきた。

あけずば

穏やかな波のうねりのようなサトウキビ畑が続いている。風になびく穂先が、キラキラと緑色と銀色に交互に輝く。緑の海原を泳ぎたくなるような柔らかな光景が、こちらの丘から遠くの丘の上までつらなっている。その先には、ただただ青い空に透明な光が真っ直ぐに伸びていた。

小路を進むと、両側のサトウキビの葉が擦れ合い交響曲を奏でているように響く。がっしりとした太い茎は、奥の視界をさえぎるほど細く長い葉をたわわに育てていた。

丘の上に出た。草の柔らかな葉が目を引く。点在するアレカヤシの側に白く小さな花が咲いていた。汗ばんだ額を拭おうとしながら、ふと横を見ると、トンボが細い茎に止まっていた。薄い羽を休めて、大きな目玉をキョロキョロと動かす。

トンボは薄い銀色に濃い灰色と黒の線模様を描いた羽を、翼を降ろすように垂れている。側にいる私に気がつかないのだろうか。瞬きもしないで見入っていたのだが、汗が目に滲みてとうとう負けてしまった。トンボはしかめっ面の私に驚いたかのように、フーワッと飛び上がってあわてたようなスピードで去ってしまった。

自然が与えてくれた束の間の憩いに感謝する思いで、そのまましばらく佇んだ。フエーカジ(南風)が木立ちを揺すって舞い降りてきた。

もうひと歩きすると、集落に出るだろう。重みが肩に食い込みだしたカメラバッグを、気合いを入れて持ちなおした。

通りから見上げると、ベンジャミンの木々が石を積み上げた小さな丘に鬱蒼と茂っている。短い坂道を石垣に沿ってあがると、大きなガジュマルの根元に、風雨にさらされたシーサーが口をあけて座っていた。古い赤瓦を埋め込んだ石段の先に置かれた素焼きの甕《かめ》と、ツワブキの緑が東南アジアを彷彿とさせた。

芝生の広々とした庭を抱え込むように、家がある。コンクリートの壁と木枠の窓の向こうに、青空を塗ったようなドアが目に飛び込んだ。

カランコロンという鈴の音と同時に、真っ青な木の扉が開き、大きな目をクリクリさせながら笑顔の女性が現われた。

「すぐに分かりましたか。さあ、どうぞ、どうぞ」

上原美智子さんの澄み切った明るい声が響いた。真っ白いYシャツにブルージーン姿がよく似合う。

外の印象とはまったく違った空間が目に飛び込んできた。想像もしなかったアフリカの大きな彫像や仮面、そして絵画などだ。沖縄の作家が造ったという個性的な木製のテーブルや椅子とも釣り合っている。

外の日差しの強さとは打って変わって、室内は柔らかな光のトーンが心地よい。ベンジャミンの緑に面した窓辺には、様々なガラス瓶や貝殻、乾燥した実などが、レイアウト良く並べられてあった。

フェーカジ(南風)が吹き込み月桃《げっとう》紙の大きなランプを揺らし、部屋の奥の方まで入っていった。

美智子さんが三十歳のときに造ったという工房は、庭の奥まった所にあった。住まいと対になるような木造だ。庭に面した窓に向って織り機が四台、きちんと並んでいる。どの機も空だ。いつごろから始めるのかを尋ねた。

「みんな、織りかけなのよ」

そんな、何も見えないではないか。首を傾げながら、そっと機の側に近づいた。

驚いたことに、ごくごく薄い布が掛かっており、蜘蛛の巣のような糸が垂れていた。

これが布？　信じられない。これほどに細い糸を機に掛けてどうやって織るのだろうか。よく、切れないものだ。もつれてしまわないのだろうか。

薄い絹地を織ることを知って彼女を訪ねたのだが、これではまるで、透明布ではないか。しばらく、言葉を失なったような思いで織りかけの布地を凝視していた。

「織っていても、自分の手と足しか見えないの。本当に織れているのか不安なことがあるんですね」

できあがった作品は工房の二階の小部屋に置かれていた。タンスや箱にしまわれていた何枚もの作品を彼女は取り出した。大きい小さい、短い長いスカーフばかりが何枚も現われた。どれもこれも、ほんとうに薄い。触ったら壊れてしまいそうな感じさえする。

「風が通り抜けるような布にしたいと思って」

ただ薄いだけではない。織りの具合でできた縦や横の縞模様、波、じぐざぐ模様などが絶妙な変化をつくっている。絹の独特の光沢が圧倒されるような存在感を漂わせている。ふわりと重なった淡い色と濃い色、黒やグレイなどの一枚一枚が透けて、不思議な色調だ。それでいて、独立した個性をそれぞれが持っている。

草木染めをした絹、韓国の麻、パインや芭蕉の繊維、金糸、漆加工した糸など、さ

あけずば織の作品

まざまな性質の糸を組み合わせて使うこともある。

「水をくぐらせるとそれぞれの特徴が生き生きと現われて、面白いんですよ」

トンボの羽をイメージした黒や銀に赤いビーズをあしらった大きなスカーフが、ひときわ目だっていた。それは九〇年に、ドイツのイゲド賞を受賞した作品だ。

蛍のイメージは黒地に茶色の斑点。緑の畑や土の畑、黄金色のたんぼ、夕日の丘、春先の淡い花咲く原っぱ、曇り空、蜘蛛の巣などをイメージした数々の作品に息を飲む思いだった。

淡いピンク、淡いグリーン、淡い紫といった淡さの一枚一枚の微妙な濃淡が実に見事だ。天女の羽衣のような、うっとりとする夢のような肌合いだ。

その中の一枚をそっと、掌に乗せて持ち上げてみた。微かな感触だ。広げると、窓からの光に空が素通しで飛び込んできて、サトウキビ畑の広がった光景が、はっきりと見えた。

銀色にチラチラと輝く葉波は、自然界へのロマンを満喫させてくれる。そういえば、草原でトンボを見かけたっけ……と思った。

「この織りを、私は「あけずば織」って名づけてみたのよ」

トンボの羽のことを琉球の古語で、あけずばという。

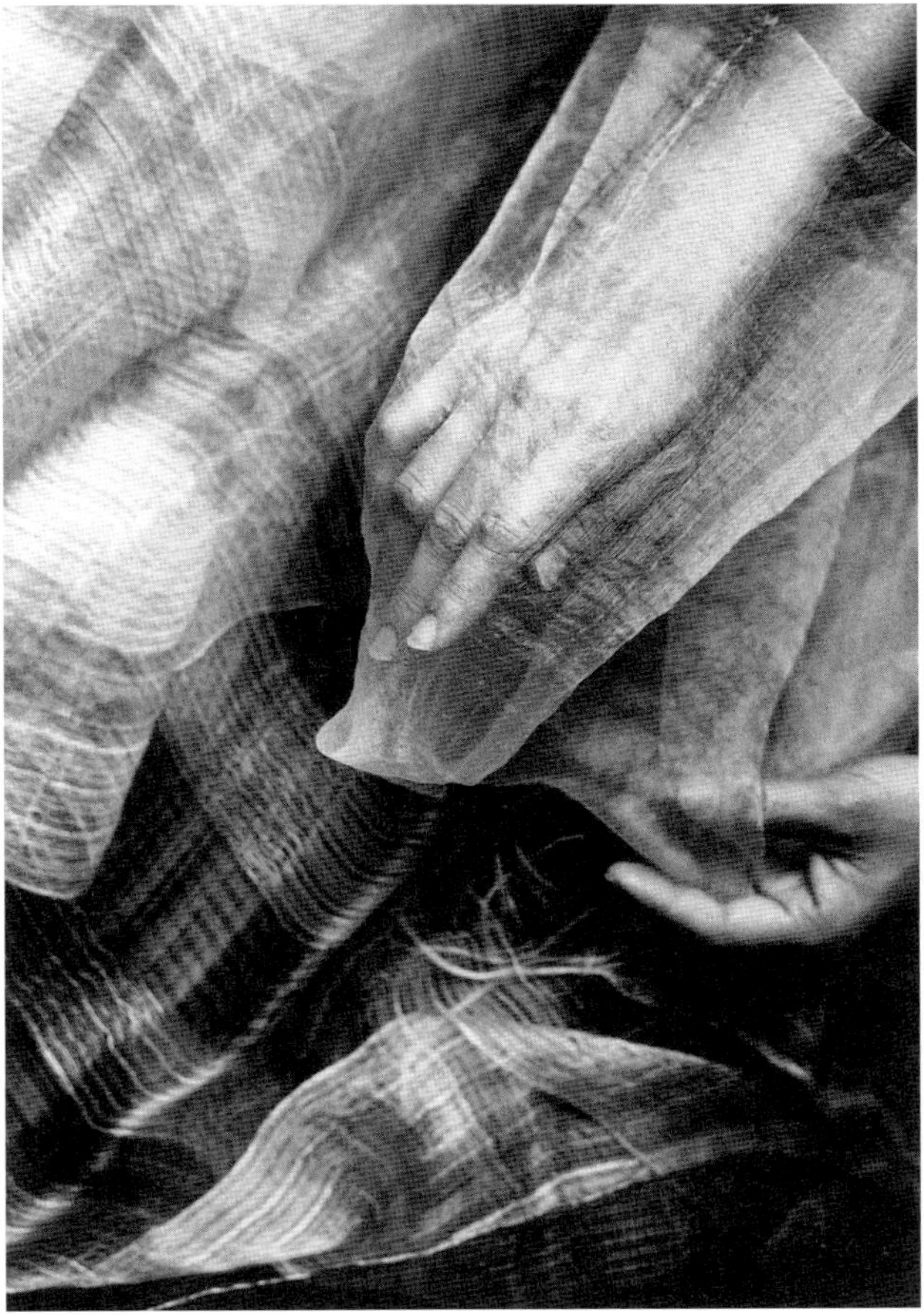

トンボの羽のよう

美智子さんは初め、蟬《せみ》の羽を想像して「蟬衣」とした。けれど、もっと薄いものを織りたいと思ったころに一篇の琉歌に巡り会った。沖縄の古謡である「おもろ」に、「かせかけ」という琉歌がある。

七読と二十読(ななよみとぅはてぃん)
綛掛けて置きゆて(かしかきてぃうちゅてぃ)
里が蜻蛉羽(さとぅがあけずばに)
御衣よすらに(んしゅゆしらに)

愛しい人にトンボの羽のように薄い衣を織ってあげたい、という女ごころを現わしている歌だ。愛する人のために織ることができることほど幸せなことはない。美智子さんはこの歌に感動し、「あけずば織」に変えた。そして今では、トンボの羽よりも薄いカゲロウの羽をも想定しているかのようでもある。

昔は、日本のことを「あきづしま」といっていた。トンボが東に向いている姿に似ているからだが、後には和歌の大和《やまと》にかかる枕詞《まくらことば》として使われるようになった。トンボの「あきづ」が「アケズ」になったらしい。

「トンボが本土と沖縄を自由に往復しているみたいなロマンがあって、いいなあっ

風をはらむ「あけずば」織

て思うの」

美智子さんは楽しそうに微笑んだ。

こうした薄い作品が織れるようになったのは、細い糸との出会いがあったからだ。八重山に住んでいた志村明さんから、27デニールの精錬もせず撚《よ》ってもいない絹糸を見せられた彼女の心は大きく動かされた。

「このまま織ってみよう」

失敗は繰り返された。五、六年たってやっと形が見えてきた。

「ざっくりとした陶器のような暖かさ、生命感があって、好き」

糸は徐々に細くなって、遂に6.4デニールという、あるかないかわからないほどの細さまでも織ることができた。

糸は単語のようなものかもしれない。どんな言葉が美しいか、魅力的か、自分らしいか、彼女は試行錯誤しながら織り機に向かう。無の心境になって織るというよりはむしろ、自分の内なるものとの自問自答を形にしていくのだろう。

「蚕繭の命をちょうだいしている糸なのだから、とっても愛しい。命の輝きを大事にしたい、ありがたいと思いながら織っているの」

白シリーズの7メートルの作品

美智子さんが染織に出会ったのは東京でだった。米軍の占領下にあった時期、憧れの地で大学生になったものの、沖縄とのギャップに突き当たった。日本復帰の声は大きい。けれど、沖縄を取り巻く状況の過酷さや本土の傲慢さなどは、生活や人間関係の隅々にまで潜んでいた。

一体、自分は何者なのだろうか。不安に押しつぶされそうになりながら、自分探しを始めた。そんなある日、東京駒場の民芸館で故郷の伝統的な染織の数々を見た。紅《びん》型《がた》、絣、花織、上布……。当たり前にしか見てこなかった沖縄の作品が、彼女の心の奥深くに染み込んだ。

これこそ自分の道ではないかと思った彼女は、卒業と同時に、染織作家の今は亡き柳悦博氏の工房に弟子として入った。夢中で、糸作りや植物からの染色など、ゼロからの出発だった。二年半かけて基本をしっかり学んで沖縄に戻り、伝統的な首里染織の作家である大城志津子氏(故人)の門下生になって、一年半を過ごした。

「コンピューターを使った機械織にはできないものを、と考えてたどり着いたものがこうした薄物なんです」

沖縄らしいもの、沖縄の風土に心を寄せて自分に素直になれるもの……そんな表現にこだわり続けながら、美智子さんはこの道を歩んできた。沖縄女性の健気な姿が、ここにもあった。

ガジュマル

ガジュマルは南国の樹木だ。深緑の肉厚の葉が幹を覆い隠すように茂る。強い雨が降り注いでも、強い風にあおられても、ガンとしてたたずんでいる。

風土の特色と強さをもったこの樹木にあやかろうと、同じ名前をつけた保育園がある。名にふさわしく、垣根はガジュマルだ。大通りに面しているから、交通量は多い。

「かつては静かだったのに、最近ひどくなったのよ。でも、このガジュマルの木々に助けられているんです」

園長は庭で遊ぶ園児たちを見ながら目を細めた。水分の多い葉が汚れた空気を吸い取ってくれるのか、園内の汚染はかなり少ないという。

遊び疲れた子どもたちに、保母さんが絵本を読み聞かせる「お話の時間」がきた。子どもたちの目は輝き、全身を耳にして物語に熱中している。

「夏になると、戦争と平和についても話すんですよ。関連する本を読んで聞かせたり、体験者に語ってもらったり」

遊びが人生でもある幼い子どもたちに、平和の大切さを教えるのは難儀なことではないだろうか。

「感覚的に受け止めているんでしょう」

子どものうちから何とか伝えたいという思いが芽を出して、数年前から毎年、夏になると決まって沖縄戦の話を聞かせるようになったという。

子どもだから分かりやしない、と決め込んで、見境なく人の悪口でも何でも子どもの側で話してしまう人がいる。果たしてそれでよいのだろうか……と少し心配になる。幼いために、思ったことを十分に現わせないが実はわかっていて、小さな胸を痛めてはいないだろうか。

「素直さがあるうちに、教えておきたいんです」

園長や保母たちが試みに教えると、子どもたちはどこまでもついていった。真剣な目をまっすぐに向ける姿を見て、確信が持てた。子どもは小さな大人だ。

戦争の話を聞いた翌日は、朝からピクニックだ。

「お弁当とお菓子、ジュースが入ってるんだよ」

思い思いの好物をナップサックに詰め込んで、子どもたちは大はしゃぎだ。

「きのう、僕たちは先生から可哀想な人のお話しを聞いたんだ」

「わたし、おかあさんに、そのお話しを教えてあげたの」

「怖いことが本当にあったんだって、やあね、そうなったら、わたしどうしよう」

「ね、わたしと手をつないで、怖くないように」

心の奥に、戦争の話がしっかりと根を下ろしているようだった。その気分を記憶に留めてもらおうと、戦跡をめぐる。


園長の大きな声が響いた。

「さあ、こっちにいらっしゃい。ここの暗い穴を見ましょう」

さして大きくはなさそうな自然壕や人工の防空壕がいくつも並んでいた。その入り口に子どもたちを集めて中を覗かせた。

「お家にはいられなくて、こんな暗いところに毎日、いなくてはならなかったのよ。弾に当たったら死んでしまうからね……」

簡単な説明しかしないが、子どもたちは口々に「わあ、怖い。暗い。いや……」と大騒ぎだった。

一中健児の塔の前へ来た。

「ここに、たくさんのおにいさんたちが眠っているのよ。この石の中で、ね。さあ、お祈りをしましょう」

子どもたちは石に触り、小さな手を合わせた。何を祈ったのかを尋ねた。

「おやすみなさいっていったわ」

「もう怖いことが起きませんようにってお祈りしたよ」

子どもたちの心の片鱗がのぞいていた。

子どもたちの遺跡の旅の最後は古都の首里の丘にあるアカギの木だ。

激しい戦闘で首里の古城は崩壊し、あたりは地形が変わるほどの爆撃にさらされた。樹木もほとんど枯れ果てた。

その焼けたはずのアカギにアコウが寄生して生命をついで新しい芽を吹き出した。戦後の苦難を生き抜くウチナーンチュは、再生の象徴のような新芽に勇気づけられた。

今でもなお、焼け爛《ただ》れた太い幹の姿は痛々しい。それでも、あちらこちらから枝葉が伸びて、青々とした葉が夏の光を受けていた。

アカギの後ろは、さまざまなシダ類や蔦類、ヤシの木などで、こんもりとして昼もなお暗い雰囲気だった。不思議なくらいひやっとした空気だ。

アコウが芽を吹いた首里のアカギ

鬱蒼としたその緑のなかに、息を飲むような光景が目に飛び込んできた。真赤なヒギリや白い月桃の花が咲き乱れていた。

この一画は周囲の首里城跡の観光客の賑わいを断絶するような神々しさが感じられる。子どもたちには故郷の戦争と自然が、どんなふうに印象づけられただろうか。子どもたちばかりでなく私の脳裏にも、くっきりとあの光景が焼きついた。まるで昔の絵でも見るような、不思議な沖縄の自然がそこにはあった。

六月の太陽

カーチーベー（夏至南風）が吹いてきた。梅雨がいち早く明けた後の太陽は、実に清々しい。長いあいだ待っていた人が帰ってきたときのような嬉しさがある。

麦わら帽子を買って、バスに乗った。那覇に向かう通勤渋滞を横目に、逆を走った。気持ちが良いほどスムーズな走りだ。

やがて、見えてきたのが県道の両脇に迫るアメリカ軍基地のフェンスだ。延々と続いている。まさに、基地内を県道が突っ切っている感じだ。今さらの感想ではないのだが、いつも不快感がふつふつと湧き出してくる。

バスのすぐ上を、戦闘機がひっきりなしに飛びたっては降下する。その度ごとに、すさまじい轟音だ。緊張感と圧迫感に胸が締めつけられる思いだ。

何度も、何日も、何百日も、そうした中に身を置いていると、いつのまにか、心身に支障をきたしてしまうだろう。この轟音の恐怖感は、住めば慣れるという程度のものではなさそうだ。ウチナーンチュの苦しさは、いかばかりだろうかと思わないでは

中城城主だった護佐丸の亀甲墓と老木の根

いられない。

住民の畑や住宅は、複雑に入り組んでいるのに、フェンスの中は驚くほどたっぷりとした広さだ。

絵に描いたように整備された多種目の競技場もある。競輪場、運動場、テニスコートにバスケット場……。その奥に、新しくて立派なマンションが建つ。ヤシの木や芝生、トラックの白いラインが、真っ青な空の下で輝いている。ここが彼らのオキナワだ。

海兵隊が駐屯している基地として話題の普天間《ふてんま》基地の周辺も、街と住宅、畑がひしめいている。

このフェンスに沿って通りから路地へ入った所に、大きな亀甲墓があった。

ウチナーンチュの墓は昔、丘や崖の斜面を掘って造られることが多かった。のちに平地などにも亀の甲羅のような形をした大きな亀甲墓ができるようになったという。

墓の前に、一族が集まって祖先に祈りを捧げる風習が今でもしっかり根づいている。もっともこの時世になると、面積も広く手間もかかる亀甲墓は、造りたくても手が出せない。そうした人たちの、こぢんまりとした墓があちらこちらに増えている。

亀甲墓は中国南部の風習を模倣したものだといわれている。もともとは丘や崖の斜面などの横穴を利用した岩窟墓だった。ずっと昔は、村落の自然洞窟に遺体を着物などで包んで遺棄するだけの風葬だったらしい。その後、洗骨するようになって、第一次墓と洗骨の後に納骨する第二次墓を有する両墓制になった。

島尻の玉城村《たまぐすく》にある岩山に造られた岩窟墓には、湧水で洗骨した場所が残っている。最近は火葬になり洗骨をしなくなったので、池は草に覆われ、専用の洞窟はジーシガミ(納骨瓶)の置場になった。

五百年前から現在まで「上里家」はずっと、古い墓を守ってきた。直系の一人である上里敬さんは、墓の前の畑で野菜を作っている。

「祖先と同じように、私も死んだらここに入ることになります」

そういいながら、石段の上に設けられた墓へと案内してくれた。口がセメントで封をされていた。石を積み上げられたものは子孫が絶えたものだという。

上から見下ろすと、樹木に囲まれた入り口の横に小さな土盛りがあった。

「外墓で、子どもや出戻りの女性はここに葬られる。私の弟は十歳のとき沖縄戦で亡くなって、ここに。でも十三回忌が終わったら、本墓に納めましたね」

同じ岩山にはいくつかの墓がある。ウスクノキの根が、墓の上から包み込むようにはびこっている。このままでは、勢い勝る根に締めつけられて崩れてしまいそうだ。これは、六百年前の神女ノロのポンシタマリの墓だという。

付近一帯は樹齢が数百年というアカギなど深い樹木が茂って、通りに面しているのに、瑞々しさに満ちていた。

「墓の上に自動車道ができて以来、上の方の樹木は日々、弱っていますね」

墓もまた、歴史から消えていく……。

玉城村の墓地を思いだしながら、普天間基地のフェンス沿いの亀甲墓を前にしばらく佇んでいた。

墓の前が広場になっている。その先に、墓とは似つかわしくないモダンな白い建物が、その日の曇り空と溶け合うようにしてあった。

さらに、墓の側には喫茶室の案内が出ていた。奇妙な取り合わせだ。

首を傾げながら白い建物に近づくと、「佐喜眞美術館」の文字が目に飛び込んできた。そうだったのか。それにしても、フェンスに隣接した美術館？

木の感触がしっとりとするドアを開けると、大きなガラス窓を通して、庭からの乳

樹齢百年のガジュマル

白色の光が打ちっぱなしのセメントの壁に当たって柔らかく反射していた。廊下のようなロビーのような一角に置かれた真っ黒いグランドピアノが、四次元の世界に私をいざなった。

床の木の香りを嬉しく感じながら進むと、大きな空間に出た。外の光はすっかり遮断されている。タングステン・ライトが黄色く暖かい光を創っていた。

高い天井と広い床の部屋の先には、さらに大きな部屋がある。その空間が突き当たったところに、壁いっぱいの絵が見えた。丸木位里・俊さん夫妻の「沖縄戦の図」だ。「原爆の図」や「南京大虐殺の図」「アウシュビッツの図」などと並んで有名な作品だ。縦四メートルに横八・五メートルの大きなキャンバスいっぱいに、戦火に苦しむ様々な人びとの姿が繊細に描かれている。沖縄戦の特徴の集団自決をテーマに描いた凄まじい迫力の作品だ。

描かれた一人ひとりを見つめながら、改めて沖縄戦の惨さを思った。けれど、作品はどこまでも美しい。芸術の普遍性が私たちに不快感を与えないのだろう。胸が熱くなった。

人の気配に振りかえると、長身で大きな黒い瞳に人懐こそうな笑みを浮かべた男性

アカバナーと呼ぶハイビスカスの花

が立っていた。館長の佐喜眞道夫さんだった。ずっと以前からの友人でもあるかのような表情が印象的だ。

彼は東京に住んでいた時に、鍼灸の仕事をしていた。ある日、丸木俊さんが失明しそうだと知って驚き、彼は自ら鍼治療を申し出た。

「丸木さん夫妻から「この絵を沖縄に贈りたい」といわれたんです。飛び上がるほど嬉しくて。でも、地元の自治体は、どこも……。それじゃ、私が美術館を造ろうと思いました」

苦難の末、努力が実って一九九四年十一月に沖縄県で初めての私設美術館ができた。それが、この建物ということになる。

佐喜眞さんはアメリカ軍基地内の地主だ。日本に復帰して軍用地代は十倍に跳ね上がった。けれど、浮かれていては基地の固定化にも繋がりかねない。だったら、好きな絵を購入して将来に備えようと思った。

絵は溜まったが、土地は高すぎて買えない。そこで、基地内の土地の一部を返還してもらうことにした。そう思い立った八九年から、東京と那覇を引っ切りなしに往復して、防衛施設局とアメリカ軍の担当部局に足を運んだ。

「米軍は美術館を造るならと、理解が早くて好意的だったけれど、防衛施設局は固くて難儀しましたよ。日本の官庁は視野も思考も狭いですね。二言目には前例が無いって。米軍にだって前例は無いんですがね」

佐喜眞さんは笑顔を絶やすことなく、ぽつりぽつりと話した。

交渉に三年がかかり、やっと、一千八百平方メートル(五百五十坪)が戻ってきた。その敷地内に、あの大きな亀甲墓が隣接している。

この墓は十八世紀半ばに造られたという。佐喜眞家にとって重要な祖先だ。戦後はずっと、申請をしなければお参りもできなかった。正面を西に向いたご先祖様が、一九七八年に開放されて、子孫の元に戻ってきた。

佐喜眞道夫さんは疎開先の熊本で一九四六年に生まれた。彼の父親は医師、母方の祖父は民俗学者の佐喜眞興英(一八九三〜一九二五)。彼らから沖縄の素晴らしさを聞くたびに、将来は沖縄に帰ろうと心に決めていた。丸木夫妻との出会いは、それだけに彼には運命的だった。

「ゆったりとした空間の中で、人間と文化、魂と創造をじっくりと考えてもらえる場所になれば、嬉しい」

人間、戦争、生、死、苦悩などをテーマに白と黒で描いたドイツの画家ケーテ・コルヴィッツの版画は、沖縄のこの空間の中で見ると、また違った大きな感動がある。古今や東西を超えて共通する人間の尊厳を深く考えさせられる。それは、沖縄戦に巻き込まれ、戦後はずっとアメリカ軍に蹂躙されてきたウチナーンチュの心が、ケーテの作品に重なるからかもしれない。

他に、宗教画のジョルジュ・ルオーや、戦争、原爆とその後遺症、労働などを描いた上野誠といった、生活の哀歓を描いた絵画が収集されている。どれもこれも、物悲しくも、強い生命力をもつ芸術作品に気持ちが洗われる。

沖縄を訪れる度に、私はこの美術館を訪ねるようになった。陳列された作品を見せてもらった後、喫茶室でコーヒーを飲みながらぼんやりするのが好きだ。作品上の人物が生き返って語りかけてくるような気がしてくる。時に悲しく、時に腹立たしく、時に優しい心持ちに誘われる。

そんなある日のこと、館長の妻の加代子さんが一人息子の淳君を伴ってピアノの側に立っていた。東京生まれの母と子にとって、沖縄はまったく初めての土地だ。

「山がいくつかあったんですが、越えたら、溶け込めるようになって、今ではこの子、学校が楽しいんですよ」

淳君は床に逆立ちになって、はしゃぎながら母親に甘えた。

「学級委員になったんだよ」

小さな頬の引き締まった表情は、いかにも生き生きしていた。

微笑んで顔を見合わせた母子の姿が、ケーテ・コルヴィッツの母と子を描いた作品に重なった。母の愛の深さと子の信頼感は、計り知れない無限な強さで繋がっているものなのだろう。

戦争や貧困といった苦悩のどん底に突き落とされた母子を、私はカンボジアやベトナムなどで何人も目にしてきた。戦乱や恐怖政治に打ちのめされながらも、必死に立ち上がろうとする根性に圧倒された。そうした母や子の影が、目の前の二人に投影されたような気がした。

「ピアノのリサイタルを計画しているんですよ」

加代子さんの明るい声に我に返った。あわてて、ああ、と返事をしながらも、まだぼんやりとした面持ちで床に差し込む昼下がりの光を見るとはなしに見ていた。

誘いに応じてある日、「お話とコンサートの会」に参加した。

聴衆はロビーに並べた椅子から溢れて床にまで座り込んだ。

講演は沖縄戦を潜り抜けて生きてきた人の体験に基づいたものだ。淡々とした語りが、静かに降り注ぐように人びとの芯にまで浸透しているようだった。涙と感動が拍手に込められていた。こもごもに自分や両親、祖父母の体験を重ねながら耳を傾けていたのか、しばらく、誰も口を開こうとはしなかった。

「ピアノのコンサートに入ります」

館長の明るい声が気分を一変させた。ザワザワとして、八十人ほどがここに座っているという雰囲気に、やっと返った。

ショパンのセレナーデなどにうっとりとしながらも、先ほどの話が蘇っては頭の中で小さく騒いだ。

ふと気がつくと、グランドピアノをかすめながら、演奏者にオレンジ色のスポットライトが当たっていた。始まったときにはなかったのに、いつの間に仕込んだのだろうかと、光源の方に視線を送った。

光の先は西の窓を通した空からのものだった。

腰を屈めて空を覗くと、大きな太陽が樹木のシルエットの横に、ぽっかりと浮かんでいた。

茜色はメロディーに合わせるようにゆっくりと、深緑の草木の向こうに歩んでいった。

236095個の石

仏桑華《ぶっそうげ》(ハイビスカスの一種)の真赤な花が、あちらこちらの石垣や通りの植え込みで咲いている。明るい日差しに映える赤が、私は今、南の地に立っているのだという感慨を新たに与えてくれる。

ウチナーグチ(沖縄の言葉)では、アカバナー(赤花)とか、グソウバナ(後生花)と呼ぶ。死者の魂を鎮める花として、人びとに大事にされている。

高校教師だった中村田恵子さんの詩「ぶっそうげの花ゆれて」の一節にこうある。

そぼふる雨にゆれる仏桑華は、
しっとりと、ひときわあざやかに咲き乱れる
それは地下にねむる声のささやき
それは平和を願う熱いまなざし
島の六月は喪の季節なのである

「喪の季節」とは、沖縄戦の慰霊のことを表わしている。

沖縄戦と一口にいっても、ウチナーンチュでも体験していない人たちが増えている。教師の中にも、実感が持てない人もいて、子どもたちにどう教えたらいいのか、夏が近づく度に戸惑いを隠せない若い教師が少なくない。

開邦高校芸術科の金城満先生もその一人だ。日ごろから、機会を見つけては沖縄戦や福祉の問題に、芸術を視点に取り組んできた。たとえば病院の壁に絵を描いたり、未来の平和な沖縄の絵や立体模型など、生徒と一緒に考えながら創ってきた。

けれど、沖縄戦の体験がないのは金城先生とて同じだ。頭の中で戦争やその犠牲を知るのではなくて、体全体でわかるにはどうしたらよいのか。自分の問題として受けとめるにはどうすればいいのか。模索の日々が続いた。

そんなある日、佐喜眞美術館の館長と泡盛を酌み交わしながら、どちらともなく思いついたことがある。

小石の一つ一つに意志を持たせようというものだった。「石」は「骨」のたとえだ。二人は意気投合して、具体策を練った。美術館の庭に敷き詰めてある小石をつかおう。これに、1番から番号をつける。最後は、236095番だ。

この数字は、沖縄戦で亡くなった全ての人のうちで、五十一年目に名前が判明し

「平和の礎《イシジ》」に刻まれた人の数だ。

「石の声――表現行為が導き出すもの」と題して、六月の半ばに番号ふりがスタートした。

放課後や休日に集まった生徒たちは、油性のフェルトペンで石に通し番号をふり続けた。

六月二十三日の朝、雲の合間から太陽が照りつけたが、庭はまだ前日のどしゃぶり雨の水をたたえていた。池は空も雲も庭木もそして、白い建物も映し込んだ。

小石の山が水面に映って二重になり、昼のようになった。それは、まさしく語り始めた小石の声が、聞こえてくるような感じだった。しかも、霊魂が宿ったように神々しく、雄々しくさえあった。

感動に胸が高鳴るのを覚えながら、しばらくはカメラを構えることも忘れて、じっと見入っていた。

生徒たちがつける番号が着々と進んでいったが、なかなか終わりに近づかない。二十三万という数は凄まじいものだと、私も改めて感じさせられた。正午の黙禱に間に合わせようと、子どもや大人も参加して、輪はさらに大きく広がった。

「石の声」

次第に太陽は照り始め、瞬く間に軒先やテント、木影がなければ居られないほどに容赦なくなった。

流れる汗を無造作に腕で拭っていた二年生の喜瀬明日香さんは、めがねを指先で持ち上げながら石に番号をつけ続けている感想をこう語った。

「初め、先生は何とおかしなことを言うもんかと思った。あーあ、という気持ちで小石に番号をつけていった。他のことを考えたり、おしゃべりもしたり。でも、手が疲れて、嫌になった。うんざりしながら、それでも番号をつけた。そのうちに、小石がだんだんに重くなった。そうか、これが戦争で亡くなった人たちだったのか……」

横で頷いていた上原茜さんは、手を休めることなくこう続けた。

「一人一人を書こうと思うようになった。小石が骨に見えたりもして」

金城みどりさんはいう。

「数字の怖さを考えた。私たちの傲慢さを知って、みんなで戦争について話し合ったの。一生、忘れられない経験になった」

山の高さは一メートルを超えた。最初の石は館長が書いていた。そして、最後の番号を妻の加代子さんがつけ終わると拍手が沸いた。どこからともなく、咽《むせ》びごえが漏れてきた。

正午の戦没者追悼のサイレンが鳴り響くと、皆で魂の山を囲んで黙禱した。

夕方、美術館の屋上に上がった。滑走路などの広大な基地を一望しながら複雑な気持ちに襲われた。これが、沖縄戦から半世紀も経った今日の現実だ。

カーチーベー(夏至南風)が、火照った体に吹きつけた。

屋上には六段と二十三段の階段がある。一歩一歩と登っていくと、その延長線上に真赤に染まった太陽が見えた。慰霊の日に合わせて階段の数がデザインされてある。二十三段目の狭い頂上にあけた四角い穴に、この日の太陽がぴたりと納まるように、建築家の真喜志好一さんは凝った。そして屋上からは普天間基地の向こうにある読谷《よみたん》の「ゾウの檻」(巨大な軍事用アンテナ群)が遠くに見える。

「人間の尊厳」は、平和なときには見えにくい。そのことを、いまいちど考えることの大切さを、この空間は語っているようだ。

「人は芸術によって癒されるものでしょう。もの思う場所を造りたかったのです」

佐喜眞道夫さんの言葉を思いだしながら、基地を越えた先の東シナ海にレンズの焦点を合わせた。夕日は雲を潜りながら紅紫色の水平線に、近づいていた。広くアジアの人たちと同じように、水平線の彼方にあるであろう極楽浄土に、願いを馳せた。

一歩ずつ
一歩ずつ
歩いていきたい
そして
いつか平和というゴールをきったとき
そこには
きっと
戦争のない
平和な世界が
まっているはずだ
みんなで
少しずつ
少しずつ
歩いていこう
走らなくてもいい
一人一人が
平和に向かって

戦争のない平和な世界をつくること
それが
彼女たちにとってのレクイエム
(那覇中学生の砂川和美さん「彼女たちへのレクイエム」からの一節)

被害と加害

二メートルはあろうコブラが二匹、とぐろを巻き、鎌首を持ち上げてきた。やっと這って進めるだけの細いトンネルから、やや広い壕に出たとたんのことだった。

「コブラは猫が威嚇する時と同じ荒い息を吹きかけて襲ってきた」

これは、国吉勇さんの体験だ。彼は戦後間もないころに、兄と壕探検の遊びをして以来、ずっと、壕に関心を持ち続けてきた。

当時は金目の軍用品も残っており、生活の足しにしようと壕に潜入する人も少なくなかった。彼もそうした一人だった。それ以来、今日まで暇さえあれば壕に入り、遺留品とともに遺骨も発掘してきた。これまでに、三百五十カ所の壕から二千体は下らない遺骨を発掘してきたという。

「とりつかれているからなんです」

鋭い眼差しを真っ直ぐに私に向けた。

戦争への憎しみか、母親と弟を失なった遺族としての憤りか、それとも、犠牲となった人たちの弔いの気持ちなのだろうか。

彼はどれをも否定する。

では、すべてを無としてとらえる悟りの心境というものなのだろうか。しつこく尋ねる私の問いに、彼は細い身を椅子の背に押しつけるように座り直した。

「壕の中で遺骨や遺品を見つけると、宝物を手にしたような気持ちになるんです」

宝物……首を傾げている私の掌に、国吉さんは真っ黒い炭のような塊を乗せた。

「これ、何だかわかりますか」

燃え滓のように軽く、存在感に乏しい感触だ。南の風が黒い物体を通り抜けていくような、不思議な感じだ。近づけて目を凝らすと、銃弾が埋り込んでいる。

「米軍の火炎放射で焼かれた人骨です」

国吉さんの低いがはっきりした声がした。南国の灼熱の太陽を受けると、ところどころが銀色に反射する。さらによく見ると、ゴザの編み目の跡が骨にこびり着いているのが分かった。

これは海軍壕の真《ま》玉《だま》御嶽《ウタキ》から、一九九三年に彼が発掘したもののひとつだった。この時に二十七体が見つかったが、どれも炭化していたという。

漆喰と赤瓦で作られたシーサー

アメリカ軍の火炎放射を浴びた結果だった。威力の強い火は、全長三百メートルはあろうトンネル状のこの壕をほぼ一瞬にして黒焦げにした。銃弾は腰に付けていたものが、骨にめり込んだものなのだろうか。それとも、銃撃を受けて怪我をしていた人なのだろうか。

国吉さんは害虫の駆除や消毒の仕事をしている。その事務所の棚には、ダンボールが並んでいた。彼が壕の中で発掘した遺留品が納められている。

「ここにあるのはほんの一部、ほとんど、県や市町村の資料室に寄付した。展示会もしたよ」

そういいながら、棚から箱を降ろした。中には、また別の壕から発掘したという遺留品が詰まっていた。

飴のように曲がった注射器や瓶、カンパンやかまぼこの缶詰めなども、火炎放射を受けて真っ黒くなっていた。鉄兜や銃、軍靴に混じって、女物の草履や櫛、琉球焼きの茶碗、裁縫道具など、ひとつの壕に軍隊と住民が同居していたことをうかがわせる遺留品が多い。

どれも深い沈黙の中にある。一つ一つを見ているうちに、私の頭の中で無念の死を遂げた彼らの思いがむくむくと動き出す。大勢の人びとから聞かせてもらった凄まじ

炭になった人骨に銃弾とゴザの跡

い体験が蘇ってくる。

「米軍の火炎放射器で壕内が火の海になった。空気穴のすぐ下にいた私は這い上がって助かったが、夫は焼き殺されました」

自分がいた壕の発掘に立ち会った大城サダさんは、言葉を詰まらせた。

人びとの声が遺留品に重なる。武器類はともかく、その他の物品の持ち主は、兵隊か民間人かの区別がつかない。指揮官も軍属もない。勝者の物か敗者のかも定まらない。加害者と被害者を分ける印もない。皆、無惨な姿をさらしているだけだ。戦争の真実の一端に触れたような気がしてならなかった。

一九九五年六月二十三日の慰霊の朝、摩文仁《まぶに》の丘から望む太平洋は、朝日を反射して銀色に輝いていた。まだ微かに湿度の高さを感じさせてはいたが、灼熱の太陽が容赦なく照りつけてきた。眩しさも次第に増し、私は白い帽子をカメラバッグから取り出して深くかぶった。汗が額から流れ落ちる。

やがて、沖縄、台湾、韓国、アメリカの四人の若者によって平和の火が点火された。この火はヒロシマ、ナガサキ、韓国からの火種を大切に保存してきたものだという。戦後五十年に相応しい三地域の祈念の思いが、ここに灯された。

白い布をつけていた「平和の礎《イシジ》」が除幕された。二十三万余人の死者の名前が刻銘されている。沖縄十四万余人、県外七万余人、アメリカ一千四百余人が黒い礎に白字でぎっしり刻まれている。

そして台湾、南北コリアはあわせて百六十一人だ。

実際には、朝鮮半島からの強制連行は三十万人を超えており、そのうち沖縄には一万人はいた。さらに、「従軍慰安婦」にさせられた女性は沖縄だけでも、千人を下らないといわれる。

こうした人たちの何人が、当時、本名を登録されただろうか。通名で記録された人さえも、ごくわずかしかいない。大半の生命が使い捨てにされた。こうした、刻銘されない大勢の死者たちの思いが、黒い礎の空白に漂っている。

沖縄戦の最中、コリアンに会ったという人は何人もいる。その一人、山城ヨシさんはアメリカ軍の捕虜になって渡嘉敷《とかしき》島に移動させられたときに、山麓で行きあった。

「まるで幽霊かと思って、はっとしたほどでした」

痩せこけた男性は徴用され、祖国の家族は彼が沖縄にいることも、戦っていたことも知らないようだった。

「強制連行で「日本軍は情けのかけらもなく酷いもんだ」といっていました。本当に気の毒で。でも、かくまえないし。持っていた食べ物をみなあげて、「無事に元気で逃げて」としか言えませんでした」

また、玉城トミ子さんは大勢の指揮官クラスが慰安所に並んでいるのをごく日常的に見ていた。

「若い女性ばかり、可哀そうでした。驚くほどの美人もいましたね」

女性たちの傷は、誰にも癒せないほど深い。にもかかわらず、「民間人が営利目的にしたもので、軍は直接には関与していない」と日本政府はある時期まで主張し続けてきた。けれど、多数の証言や資料の存在によって実態を隠し切れなくなっている。

私たちもまた彼女たちを、気持ちの何処かで蔑《ないがし》ろにしてはこなかっただろうか。一人ひとりが受けた屈辱の一端でも、同じ女性として、また自分の母や妻、娘だったらと考えて、共有しようとした気持ちがあったなら、お互いのこの半世紀の歴史はもっと改善されていただろうに。

歴史的な事実から逃がれても、その事実は決して消されはしない。真正面から立ち向かうしかないのだけれど、私たちはずっとそれを避けて通ってきた。

韓国を訪れたとき、ソウル近郊で会った女性は、私の目を直視しながらこう言った。

「私たち民族は、あなた方のお祖母さん、お母さんの代わりをさせられてきたので

1995 年 6 月 23 日の「平和の礎」

す」

彼女は小学生だった当時、日本地図を朝顔の花の刺繡で飾ったところ、憲兵隊に呼び出されてこっぴどく怒られた。

「おまえは日本皇国を冒瀆した」

少女には理由がわからなかった。刺繡には、花弁が大きく陰影がつく朝顔が美しく見える。桜の花では効果が薄いから朝顔を選んだ。

「朝顔の朝は、朝鮮の朝と同じだ」

彼女は暴力を振るわれ、気絶した。気がついたら、船底に横たわっており、北九州の港にいた。上陸させられるなり、慰安所に送られた。まだ十四歳だったのに……。

「私たち民族は、日本人の代わりをさせられたんです。どれほど屈辱的なことか分かりますか」

儒教の強い南北コリアで戦後を生きるには、過去を赤裸々にすることはできなかった。たとえ自分の意志で「従軍慰安婦」になったのではなかったとしても、周囲の目は冷たく刺さる。いくら隠しても、自分の胸の内を覆うことはできない。辛さはそれだけに増していった。

「平和の礎」には、敵も味方も、身分も地位もなく同等に名前が刻まれている。そここには、こうした国家や民族に関するさまざまな問題を、何とか少しでも解決していきたいという思いが現われているようだ。いかにも沖縄の人らしい相手に対する気遣いが感じられる。

崎山キクさんは、姉妹と弟、いとこの計六人がいたと思われる伊江島にある壕が発掘されるというニュースを聞いて、伯母と一緒に那覇から駆けつけた。壕の中から、作業員が赤茶色の粘土に覆われた頭蓋骨を抱くようにして出てきた。包んであったビニールを外した崎山さんは、「あっ、妹の絹だ」といって泣き崩れた。鼻のカーブに特徴があるのだと、声を詰まらせながらも真剣に話した。彼女の夫は徴兵されて帰還したが、間もなく病気で亡くなった。戦後は、生活が苦しくて、壕の中に入って色々な物を調達した。

「不発弾が爆発して死傷する人も少なくなかった。なかには死体から衣類をはぎとる人もいました」

名嘉真カツさんは大きな目に怒りの色をあらわにして語気を強めた。

「日本軍に壕を追い出された後、爆撃の中で私は大火傷をし、三人の子は死にました」

夫は防衛隊員だったが戦死した。戦場で孤児になった五歳の男児を我が子のように育てた。やがて、戦場で妻を亡くした人と再婚し、三人の子どもに恵まれた。

日本軍は直接に間接に自決を強い、投降を拒否した。

「友軍」と言って歓迎しただけに、沖縄にとっては裏切られた思いは強く、今でもしこりとして残っている。

住民はいともたやすくスパイの容疑者にもされた。これは、日本軍が東南アジアや南洋諸島の住民に対してとった態度と似ていた。

先の玉城トミ子さんは渡嘉敷島の集団自決で生き残った一人だ。一緒に行動していた両親と弟はそのときに死亡し、彼女は大怪我をして九死に一生を得た。今でも体中に当時の傷が深く残っている。

前田ハルさんは、日本軍に母親、妹、二人の弟の四人を刀で惨殺された。物陰で一部始終を見た少女が受けた衝撃の強さは、未だに少しも消え失せていない。家族を失った彼女は、同じ村の人に育てられた。

「何一つ忘れてはいません。でも、思い出すのは辛いんです。沖縄戦の実態と私たちが受けた傷の深さがわかってもらえるなら話したい。でも、あのときのことを話すと、当時に引き戻されて、眠れない夜が続き発熱してしまうんです」

伊江島に残る砲弾の跡

『沖縄県史』によると、糸満市真栄平《まえひら》で日本軍に惨殺された住民は八人を数え、さらに、壕にいた婦女子老人も手榴弾を投げつけられた。

同じ日本人に対してとはとても信じられない行動だ。

日本軍のこうした行為に憤りを抱くのはウチナーンチュばかりではないようだ。本島の南部に無名戦死者を祀った「魂魄」の塔がある。戦争直後に集められた大勢の名もない人びとがここに祀られている。

そこで会った当時の歩兵は、深い戦傷を抱えていた。

「米軍の猛爆を壕で避難したかったが、同じ日本軍から拒否された。歩兵隊は犬以下の扱いをされ、同部隊での生存者は数人です」

仲間の歩兵が負傷して動けなくなり、水もなく苦しみながら亡くなったことを、脇に下げた水筒を抱えるようにしながら語った。

そう言えば、中程シゲ子さんが怒りをぶつけたことがある。

「指揮官クラスは壕から一歩も出ようとしなかった。住民が避難してくると、「出ていけ」と怒鳴ったり、赤ん坊が泣くと「泣かすなら出ろ」とか「殺せ」などというばかり」

自然洞窟のガマに棲む蜘蛛

日本軍にとっては本土決戦を沖縄で食い止めるための決死の攻防戦だった。それだけにアメリカ軍にとっても多くの流血を招く戦いだった。短期間の戦闘にもかかわらず双方に多大な犠牲があった。そして、両軍の狭間に置かれたのが住民だった。なぜ、あれほどの死者を招いたのだろうか。

百日間、鉄の暴風が吹き荒れ、住民の十四万人もが生命を奪われた。四人に一人もの犠牲だった。

皇民化教育が徹底されたこともあって、ウチナーンチュは日本軍を「友軍」といって手厚く迎えた。奥座敷を与え、あるだけの食事を盛って接待した。

が、いざアメリカ軍の攻撃が始まると、翻って住民は蔑ろにされた。放り出された末、日本軍とアメリカ軍の砲撃の間に身をさらすはめとなった。人びとは自分たちが身を隠すために掘った壕さえも、日本軍に奪われ外に追い出された。

無防備な住民に加えられた仕打ちは、アメリカ軍が撮影した戦闘フィルムを見ても、生還できた人がいたことが不思議なほど凄まじい。

沖縄が受けたこうした惨劇を考えながら、ヒロシマ・ナガサキを思う。

十年間被爆者の人たちの話を聞き、写真を撮ってきた私にとって、五十周年の六月二十三日の慰霊の日は、格別に感じられた。

そのひとつがアメリカ軍に対する沖縄とヒロシマの感情の差だった。B29で原爆を投下された被爆者たちは、アメリカ軍のその行為を決して許してはいない。

特に、スミソニアン軍事博物館で、被爆状況と被害についての写真や資料の展示を拒否されたことは、被爆者たちの新たな怒りをかきたてた。展示が中止された最も大きな原因は、退役軍人たちの圧力によるものだったと伝えられている。

ところが沖縄では、日本軍に弾圧されて辛酸を嘗めたことで、人びとは日本にすっかり失望した。裏切られた思いを引き摺りながら、アメリカ軍の捕虜になった。アメリカ軍の扱いは、日本軍の扱いとまるで異なっていた。人びとは複雑な解放感を味わった。

それでも戦後二十七年間のアメリカ軍占領は、さまざまな屈辱をともなったことから、人びとは日本に復帰したいと切願するようになった。

けれども、その後の日本のやり方はどうだっただろうか。沖縄の人びとはまたしても、日本への失望感を味わうこととなった。

そうした経緯のせいか、ウチナーンチュは、被爆者には考えられないような、アメリカ軍へのある種の親近感を一方では抱いている。

礎の除幕式に参列しようと、アメリカの退役軍人が沖縄を訪れた。彼らは、九四年のノルマンディーでの勝利五十周年に始まった一連の式典の最後の締め括りとしてやって来た。

総勢六百人がアメリカから直接、嘉手納《かでな》基地に降り立った。

その内の百人が慰霊祭に参列した。彼らの中には、妻や息子を伴っていた人もいた。ウチナーンチュが亡くなった家族の名前に対面して、涙に暮れている場所の向こう側で、彼らもまた一千四百余人の名前を前に新たな悲しみと感慨に駆られているようだった。

キング・アーチャーさんの沖縄戦は二カ月足らずだったが、熾烈な戦闘に明け暮れた。

「沖縄の再訪は考えたこともなかったが、来て良かった。あの戦いの中で、ここの美しさに気づかなかった。人びとも親切だ」

イーストさんの父親は摩文仁の近くで戦死し、同時に父の弟も友人もここで失なった。

またウィストさんは、東風平《こちんだ》で戦傷した。

「私の仲間の五十七人が、ここで戦死したのです」

涙で腫らした目を眩しそうに空に向けた。痩せた体を息子のジェフさんが支えた。

彼らは見つけた名前を鉛筆でなぞってコピーをとって回った。

沖縄を再訪したアメリカ退役軍人

「あの時、私は若かった。もう七十二歳。五十年間は長いけれど、今日の日のためには必要な歳月だったのでしょう」

名前を捜し回っていたアメリカ人の横顔に、軍人のいかめしさは、ほとんど感じられなかった。ただ家族や友人を失なった個人の悲しみが満ちていた。

遠い過去のことではない。体験したウチナーンチュが、よく「昨日のことのようにはっきりと覚えている」というが、彼らもまた同じ思いだろう。

それが、一人ひとりの五十年だった。礎に刻まれた二十三万余人の名前の重みがひしひしと感じられる。同時に、黒い色の空白が語る大きさと深さに打ちのめされる思いだ。

敵と味方、加害者と被害者、侵略者と非侵略者……そのどちら側であろうとも、戦争が人びとに残したものに変わりはない。

国家と個人の落差を、自己のなかでどう処理していけばいいのか。歳月さえも心の傷を癒してはくれない。

戦争は敗者も勝者をも悲しみの淵に突き落とし、惨めさしか残さないのだと、長い歳月が経過した今もなお改めて考えさせられる。

南十字星

観光地として人気を博する以前のバリ島を、何度か訪れたことがある。神に仕える女性たちの横顔には、生活の疲れとあの世への希望とのないまぜが漂っているようだった。

インドネシアのたくさんの島々の一つであるバリ島。その暮らしは、自然と宗教がしっかりと組み込まれている。そうした人びとの姿に、私は畏れのような感動を覚えた。

女性たちが飾り立てた供物を頭にうずたかく積み上げて寺院に通う。流れる汗が細く長い首にこびりついた、みどりの黒髪にそって流れる。人生のやつれと色っぽさとが妙に混在したその姿に、私は取りつかれたようにシャッターを切った。

昼間のあの暑さが嘘のように、夜の海から吹く風は爽やかだった。波が、単調に繰り返しながらも深みのある音楽を奏でていた。

空は一面、星で埋まっている。

「ほら、あそこに、南十字星よ」

砂浜で小さな焚火をしていた中学生の少女が、黒い椰子の木陰の方を指さした。手に届くほどの近いところに、大きな十字架が瞬いていた。

あの時に見た南十字星ほど神々しい輝きは、まだ目にしたことがない。

それでも、どの地域で見ても宇宙にくっきりと浮かび上がる十字の姿は、旅人の私に安堵感を与えてくれる。不思議な魅力だ。

沖縄の南十字星は、地平線ぎりぎりの低い位置に現われる。見つけたときは子どものように、はしゃいでしまう。

波照間《はてるま》島でもそうだった。星座に向かって思わず、言葉にならない大声を張り上げてしまった。声は暗闇に吸い取られるように、はかなく消えたが、胸の鼓動は逆に、高まっていった。

そこは、一面のサトウキビ畑だった。葉の擦れ合う音が、音楽のように風に反響していた。

集落の小さな広場から、島の人の案内で細い農道を歩いた。真暗い。両側には背丈を遥かに超えたサトウキビが、森を作っているようにこんもりと黒く茂る。

波照間島

行けども、行けども、空はなかなか見えてこない。灯火のない暗さの不安が、距離の長さを感じさせた。

どこまで？　と声をかけようとしたまさにその時、大きな壁のような黒っぽい空間に行き当たった。空だ。

緩やかな丘の上に出たらしい。サトウキビ畑の真中を真っ黒い曲がりくねった細い道がなだらかに下っていき、その先に、灰色の海原が広がる。水平線が真っ直ぐに伸びやかに続く。

満天の星空とは、このことをいうのだろう。白い天の川が太く長く、くっきりと浮かんでいた。

隙間のような場所なのだが、宇宙への昇天場所かと思いたくなるほどの不思議な空間だ。たくさんの星座が、都会では決して感じることのできない黒い宇宙に浮かんでいる。

南十字星がくっきりと見えた。魂を揺さぶるような自然界の輝きに、圧倒される思いだった。

日本の最南端にあるこの島の魔力のような不思議さに、一種の畏怖の念にも似た思いを抑えきれずにただただ立ち尽くしていた。

あくる朝、ゆうべの魔力に取りつかれたような気分が、抜け切らなかった。あの不思議な場所を、確かめてみたい。写真にも納めたい。

そう思ったらいたたまれなくなり、カメラを手にサトウキビ畑に向かった。

確かに、この道なのだが、どうもゆうべとは様子が違う。引き戻っては確かめ、また進んだ。あの場所らしき所に出た。青い海原も見える。

本当にここなのだろうか。キツネにつままれたような気持ちだ。あれほど神秘的な場所だったのに……。昼夜がこれほど違って感じられる所があるだろうか。

これは、魔法だ、きっと夜になると特別の場所に変貌するのだ……と、頭の中で勝手に動き出した創作物語をしばし、楽しむほかなかった。

周囲十四・六キロ、人口七百人ほどの小さい島だから、歩き回っているうちに、いつの間にか元の場所に出てしまうことが多い。それもまた楽しみの一つだ。

どこへ行っても地平線と水平線にはこと欠かない平坦さが、実に気持ちがいい。紺碧の空には白い雲、まるで、唄のような世界だ。サトウキビと粟の畑が続く。重そうに首を垂れた粟の収穫期を迎えていた。葉で作った三角錐の笠をかぶってカマを手にした農民の姿は、ベトナムの農村を彷彿とさせた。

集落は、畑や海に出かけているらしく人の気配があまりない。潮風がガジュマルの葉を微かに揺らしながら、足早に去っていった。あちらこちらの庭先に咲く真赤なハイビスカスの花が、エキゾティックな感情にいざなってくれる。

ひときわ美しく咲き乱れる赤い花の垣根があった。庭から覗くと、軒先の縁側に腰掛けた二人のお年寄りが談笑している。引き寄せられるように、私は声を掛けながら彼らに近づいた。入り口の地面に置かれたジーサー(地獅子)が、ひょうきんな顔で迎えてくれる。

よそ者の突然の進入に戸惑いながらも、彼らは穏やかに応えてくれた。二人は幼友だちだという。

「たくさんの友だちがいたけれど、戦争で亡くなったですよ」

アメリカ軍の空襲に散る犠牲者はいなかった。けれど、長い戦争で徴兵されたりして戻って来なかった男たちが、ここにもいた。そればかりではない。この島には、もうひとつの沖縄戦とでもいえる忌まわしい現実があった。その犠牲者は、当時の島民千五百十一人中で、三人に一人にあたる四百八十八人にものぼった。

一九四五年四月、この小島に日本軍の諜報員酒井清が、軍刀を携えて乗り込んできた。もっとも、あからさまに名乗ったのではない。「山下虎男」という偽名を使い、島の教員としてやってきた。「長身で体格が良く、声の大きい命令口調でものをいう人だった」と、島民はいう。

ある日、彼は命令を下した。

「西表《いりおもて》島に疎開せよ」

西表島はマラリアの多発地だ。彼の指定した南風見《はいみ》は、マラリアで村が消滅した一帯でもあった。村長たちが拒否をすると、彼は軍刀を抜いてすごんだ。

「疎開させなければ島民を殺す」


「同じ殺されるのなら、山下の手にかかるよりもマラリアの方がましだ」

島民の全員が僅かな食料を手にして、強制疎開に従った。

牛馬一千頭、豚や山羊九百匹などの全ての家畜が、その直後に殺された。「島も海も真赤に染まった」という。

疎開先は海岸に面したジャングルだった。悪い予想は当たった。弱い人からマラリアに罹患し始めた。

小学校の識名《しきな》校長は、生徒の授業を比較的に蚊の少ない海岸を選んで行なった。すぐ目の前に波照間島がよく見える場所だ。

とうとう、小学生の男児がマラリアで死亡した。校長は強い責任を感じて、南風見《はいみ》田《だ》海岸の石に言葉を刻んだ。

忘勿石

忘勿石　ハテルマ　シキナ

波照間島の住民よ、この石を忘れるなかれ。

波打ち際まで押し寄せるようにヒルギが群生している。狭い海岸の奥まった岩場に刻まれた痛恨の思いは、半世紀の歳月にも崩れることなく残っていた。雨のなか、鈍い光を受けた「忘勿石」は、当時の悲哀を私に突きつけているようにそこにある。

犠牲者は続出した。「どうせ死ぬなら自分の家で」と決心して引き揚げていく島民に対して、山下は「玉砕だ」と怒鳴った。が、全員が西表島を後にした。

帰省はしたものの、家畜はいない。珊瑚礁の固い土は牛馬なくしては耕せない。野草、ソテツ、ムイアッコン(自生の芋)などに頼るしかなかった。九十三パーセントの島民がマラリアに罹患して丸坊主、さらにお腹は風船のようにふくらんだ状態だったという。

やがて戦闘は終わった。けれど、戦地から生還してきた男たちまでもが島でマラリア蚊に刺されて、ばたばたと倒れていった。

西表島の南風見田海岸

祖平昇一さんは、汗を拭うように首に巻いたタオルを顔にあてた。

「南太平洋の戦場、ブーゲンビル島から戻ってみると、妻と弟の二人を除いて、家族も親類も皆、マラリアで死んでしまっていたのです」

彼はハイビスカスの花に視線を向けながら溜め息をついた。

相槌を打ちながら祖平さんの話を聞いていた波照間長善さんは、続けてこういった。

「この島の人は皆、その時の遺族さ。だれに聞いても応えは同じだ。十五歳だった私も、ひどい高熱に襲われて死ぬと思った。なんせ、兄弟など家族を九人も亡くしたからね」

真昼の太陽がじりじりと、肌を焦がすように照りつける。セミの甲高い鳴き声が突然のように響いて感じられた。そんな理不尽なことがあったとは思えないほどの、穏やかな空気だ。


家族や親族のなかでたった一人だけ生き残った女性がいる。大泊ミツフさんという。彼女はずっと以前に、自分の戦争体験を『沖縄県史』に書いた。それを読んだ私は、一九八六年に彼女を訪ねたことがある。

そのときのミツフさんは、石垣島で味噌を作っていた。簡素な建物の仕事場を訪ねると、小学生の孫を伴っていた。

彼女の味噌は島外でも、幻の波照間味噌として知られている。甘味と円《まろ》やかさがあって殊のほかおいしい。ミツフさんは味噌の造り方や、そのこつを教えてくれたりと話はあちらこちらに飛びながら続いた。

やがて、静かな黒い瞳を真っ直ぐに向けた彼女はこういった。

「どうして、私だけが生き残ったんでしょうね……。罪深いことさね」

ふくよかな体格を真っ二つに切り裂くような言葉に、私は思わず身震いをした。

罹患したとき、ミツフさんは嫁ぎ先の家族と共に枕を並べていた。すでに息絶えた人も、狂った人もいっしょだった。高熱と栄養失調で、彼女の頭髪も抜け落ちていた。嫁いだ十七人家族のうち、十六人がマラリアで亡くなった。その中には、彼女の幼い二人の息子も含まれていた。

「戦地から帰った兄が私の姿を見て驚いて、実家へ連れ帰ってくれました。でも後に、その兄もマラリアで亡くなって」

回復したミツフさんは戦後、遅くに再婚して四人の子どもに恵まれた。

二人のお年寄りに会った後、ミツフさんを再訪した。大きな福木のある静かな住い

南風見《はいみ》に向いた波照間島の学童の碑

だ。木造平屋の庭先で声をかけた。縁側に現われた彼女の姿は少しも変わっていない。あの優しそうな笑顔がそこにあった。

懐かしさに胸がいっぱいになった。元気そうで何よりだ。息子たちはそれぞれが独立した。今は、釣りが好きな夫と二人で暮らしている。あの時に会った孫はもう高校生になっていた。

「歳をとってね、すぐ疲れてしまう。あのころはもっと元気だったんだけれど」

二人のお年寄りに会った話をすると、深く頷いて、彼女は遠くの空に視線を送った。

「私一人が生き残った苦しみは、今でも忘れられません」

とろんとした瞳を向けて呟いた。目の奥には言いようのない寂しさを漂わせていた。

「息子が、僕たちがいるのは母さんのおかげだから、悩まないでっていってくれるんだけど、私は罪です……」

やっと生還できた貴重な生命だが、体験の重みに押しつぶされそうになるのだろうか。記憶の底にくっきりとこびりついて離れてくれない。半世紀も前に終わった戦争なのに、結局は、彼女にとってはまだ終わっていない。心の傷は、あまりにも深い。

丘から緑深い西表島が手にとるように見える。泳いでも渡れる二十二キロの距離だ。

人びとは、あの時期、故郷を目前にしながら息絶えた。

その丘に、ひとつの碑が立つ。背中を向けて、西表島の南風見を正面にしている。何の罪もない子どもたちが、ここでもまた、戦争の犠牲になった。鎮魂の思いを込めて、島の人たちが碑を造った。

太平洋戦争末期一九四五年四月八日　西表島字南風見へ強制疎開させられ全学童
三二三名はマラリアの猖獗《しょうけつ》により全員罹患　中六六人を死に至らしめた
かってあった山下軍曹(偽名)の行為ハ
ゆるしはしようが然し忘れはしない
本校創立九〇周年を記念しはるか疎開地に刻まれた「忘勿石」を望む場所に　そ
の霊を慰み　あわせて恒久平和をねがい碑を建立する
一九八四年七月一六日　波照間小学校創立九〇周年　記念事業

碑文に刻み込まれた言葉が重い。

ギラギラとした太陽が眩しいほどの明るさと、闇夜のような影を作り出していた。もうひとつの沖縄戦とでもいえる凄まじいことがあったとは思えないほど、海は青い。そして南十字星は、この夜も魅力的な輝きを放っていた。

粉末状の真っ白い砂浜と珊瑚礁の海

風

島特有の気候や風土を、風によって表わすことで、人びとは沖縄古来の文化を築き、暮らしを営んできた。

ミーニシ、ケーシカジなどの風の名前がそれだ。どれも方言だから、標準語に置き換えれば、新しい北風、返し風となるのだが、音の耳心地の良さは格別だ。

まだ汗ばむ日が多い時期でも、ミーニシ(新北風)が吹き始めると、衣替えだ。十月の末から十一月にかけて、中学生や高校生の制服が白から青や黒にかわる。とたんに、町の光景に変化がつく。

ウチナーンチュのこうした感性は、島特有の気候や風土で創られたのだろうか。

今日においても、相手が嫌がると知ると、人びとは自分の意見を引っ込めてしまうことがある。政治や戦乱の狭間で、もみくちゃにされた歴史も少なくなかったが、何とかウチナーンチュのアイデンティティーは守ってこられた。

疲れて何も考えられない時、私はただひたすら全身を風にまかせてしまう。どんな風でもいい。いつの季節の風でもかまわない。自然に体は軽くなりすっきりしてくるから不思議なものだ。

風は私ばかりか多くの人びとの疲れを拭うように、ときに強くまた優しくも吹く。強い風にも似た怒りを感じながら、どうすることもできない人たちもいる。ひたすら我慢の歳月を送らなければならないほど、残酷なことはない。

ウチナーンチュの心の歴史もそうしたものではなかったろうか。戦争が終わって、やれやれと思う間もなく、アメリカ軍の占領下にがっちりと組み込まれ、身動きがとれない状態が二十七年間も続いた。

その当時、アメリカ人が飼っているペット以下の扱いを受けるほどの屈辱を味わわされた。

畑や野で働く人の姿は「腕試しの標的」にされたのではないかと思われるような射殺事件が続いた。それでも、犯人は沖縄の裁判にかけられることなく、アメリカの軍法会議で無罪だ。泣き寝入り、いや、殺され損の状態だった。

占領時代、小学校にアメリカ軍戦闘機が墜落して、子ども十七人が死亡し、百人以上が負傷したという大惨事も忘れられない。また、ジェット機の墜落で住民が死亡するといった事故も多発した。

殺害事件、強姦事件、交通事故などによる犠牲者も、ひたすら沈黙するばかりだった。どんな場合でも、アメリカ兵は正しく、悪いのは沖縄の人と決まっていた。

高校教諭の新城俊昭さんは六歳のとき、父親がアメリカ兵の運転する車に轢殺された。けれど、アメリカ兵は無罪だった。「米人天下」のその時代の沖縄では、住民の人権はないに等しかった。その衝撃が、彼を復帰運動にかりたてた。

先輩や教師の背中を見ながら運動の日々を送り、大学を卒業するなり迷うことなく教師になった。

「沖縄戦についてはしっかり教えるけれど、米軍基地について、授業で取り上げたことがほとんどありませんでした。基地の中で何が行なわれているか、何のための基地か、安保とは何か……これからの課題です」

新城さんはしみじみとそう語った。

沖縄はアメリカ軍占領下から解放され、日本に復帰した。けれど、世界は各地で、

◀サトウキビ畑の風

戦争や対立が絶えない状態が依然として続いており、沖縄はアメリカと日本の政策によって、防衛上の要石《キーストーン》になった。安保体制の中で、沖縄は沖縄県民の自由にならなかったともいえる。返還されたアメリカ軍基地は本土では六十パーセントだが、沖縄では、復帰後の二十三年間で十五パーセントでしかなく、さらにそのある部分は自衛隊が使用している。沖縄の人びとの心からの基地返還の願いを、政府は長年にわたり何度も、代用物でかわしてきた。今では、「餌をばらまいて」とか「甘い言葉で」「騙されてきた」との思いが、いつも、人びとの脳裏をよぎる。

新城さんは高校の教材にと、分厚い『琉球・沖縄史』(編集工房東洋企画、二〇〇一年)を著わした。

「米軍占領下、基地があったことによる事件で、私は父を失ないました。復帰しても、依然としてある広大な基地に憤りを抱いています。けれど、教室で米軍の実態や問題についてあまり教えてこなかったのは、父のあの事件から逃げていたのかも知れません」

どう話したら子どもたちに誤解も偏見もなく、アメリカ軍との問題を教えることができるだろうか。彼は、悶々としながら、歳月を過ごしていた。

そんなある日のこと、一九九五年九月四日の「少女暴行事件」を知った。犯人はアメリカ海兵隊の三人の兵士だった。その少し前には、主婦と十九歳の女性が別々の所で、別々の海兵隊員に強姦された。

アメリカ軍占領下の一九五五年九月に、当時六歳の少女をアメリカ兵が強姦して殺害した無惨な事件を、人びとは思いおこした。その恐怖の事件と今回が、四十年も経ったのに重なった。新城さんは「まるで占領時代さながら」と憤慨する。

その後、大田昌秀沖縄県知事の「土地代理署名拒否」が重なって、怒りの声は、やがて全国に広がった。

日本全土の〇・六パーセントの面積しかない沖縄に、アメリカ軍基地の七十四パーセントも存在している状態が、半世紀も続いている。これまでにも、人びとはずっと抗議を繰り返してきたが、聞き入れてもらえていない。

他人にひたすら優しく我慢強い沖縄の人びとも、ついに声をあげた、というより、とうとう爆発してしまった。

日本に復帰してからでさえ、四千七百件をも超えるアメリカ兵関係の刑事事件が起きた。その多くが、唯一の海外駐屯部隊である沖縄海兵隊(沖縄駐留アメリカ兵の七十パーセント)によるものだ。強姦事件は表面に出にくいが、検挙されたただけでも百十件以上にも及んでいる。百二十万人の県で凄まじい数字だ(一九九七年現在)。

一体、何人の女性たちが、アメリカ兵の犠牲となってしまったのだろうか。暗澹とした気持ちになってくる。

「このままでよいのか」といった声は全国に広がった。

生まれた時からアメリカ軍基地に囲まれ、英語が町にあふれ、アメリカ人が随所にいる。当然のこととして受け止めてきた。けれど、果たして、金網は何のためのものなのか。内部では何が行なわれているのか。轟音を立てて飛び交う戦闘機の訓練の目的とは何なのか。誰のためのものなのか。

秋の北風が吹くなかの九五年十月二十一日、県民総決起大会が催された。プラカードや旗の文字が風に揺れていた。

アメリカ軍への抗議集会に、八万もの人びとが宜野湾《ぎのわん》の広場に集まった。

新城さんの高校からも、大勢の生徒が自主的に参加した。

抗議集会には少ないとされる若い女性も多かった。夫婦連れ、お年寄りのほかに、子どもを抱いた母親、お洒落が上手なＯＬ、制服姿の女学生などが、仲間たちと一緒にいた。

アメリカ軍の基地内

集会で挨拶をした普天間高校の仲村清子さんの言葉が全てを語っていた。

「いつまでも米兵に脅え、事故に脅え、危険にさらされながら生活を続けていくことは、私はいやです。未来の自分の子どもたちにも、そんな生活はさせたくありません。私たち生徒、子ども、女性に犠牲を強いるのはもうやめてください。私は戦争が嫌いです。だから、人を殺すための道具が自分の周りにあるのも嫌です。次の世代を担う、私たち高校生や大学生、若者の一人ひとりが本当に嫌だと思うことを口に出して、行動していくことが大事だと思います……」

澄んだ大きな声がスピーカーを通し、風に乗って響きわたった。だれもがシーンとして耳を傾け、一つひとつの言葉を聞いていた。

そして、彼女の言葉は最後にこう訴えかけた。

「軍隊のない、悲劇のない平和な島を返してください」

温度差

暑い夏が近づくと、戦争が終わったそのころの、焼け野原について考えることが多い。

日本全国、二百都市の千五百万人が家を失なった。終戦の年の三月十日の東京大空襲では、一夜にして十万人もが焼き殺された。そうした一つ一つを改めて思う。負けつつあった日本に、なぜこれほどもの爆撃を浴びせなければならなかったのだろうか。二発の原爆までも投じたアメリカの、本当の狙いは何だったのだろうか。

戦後の連合国による軍事裁判も、納得できるものではない。世界で最強の力を持つために、最大の利用価値を見い出そうとしたともいわれている。

日本は屈辱を味わった。戦争なんてするものじゃないと自覚するために、多大な犠牲を払ったのだろうか。あまりにも、惨めなことだ。

戦後、人びとは自分の暮らしを取り戻そうと必死になった。そのための努力は、何

の苦でもなかった。

戦争という異常な時代にはありえなかった言論の自由も得て、生きる活力に皆、目を輝かせた。

それでも、愛しい人と別れたままの人の心は濡れていた。遠くで戦死してしまった人を偲び、行方不明の人の健在を祈り、捕虜になった人を哀れんだ……。孤独感と悲しみを、今もなお、誰も計り知ることはできない。

もう五十年も過ぎたというのに、まだ、割り切れる気持ちになれない。戦後育ちだといっても知れば知るほどに、辛い……。

アジア各地では日本軍の行為の真相が人の口にのぼり始めた。まさか、と耳を疑うような残虐行為も伝わってきた。

アジアの人びと、とりわけ女性や子どもが日本軍刀に倒れたという。

ボーダーレスの時代といわれ、世界の人びとの往来も多くなってきた。それに比例して、旧日本軍の残虐な魔の手から逃れられた人たちの証言が増えていった。

知れば知るほどにひどい。日本人は元来、思いやりがあるはずだった。戦争とは、まともな人間が狂ってしまうことをいうのかもしれない。

戦争に赤紙一枚で引っ張り出された人たち、あるいは勇んで「お国のために戦った」人たちの犠牲のうえに、今の私たちがいることは確かなことだ。立派な人格の兵士も少なくなかったろう。そうした一人一人の遺言が、「もう二度と戦争をしてはならない」ということなのかもしれない。

長い歳月が経った。この間に、何度も何度も、戦争の狂気と同時に、若い魂が綴ったあのたくさんの「遺言」について考えさせられた。暑い夏が近づくにつれて、また、考える。

沖縄でも、「平和の礎《イシジ》」の除幕式を頂点に県をあげてさまざまな行事が催された。最後の行事として、一九九五年九月に「平和シンポジウム」があり、そのパネリストの一人として、私も参加することになった。

照りつける太陽のくらむような眩しさに目をしばたきながら、那覇に降り立ったときだ。

新聞の一面トップを占めていた記事が目に飛び込んできた。

「米兵、少女を乱暴」

まだ真夏を思わせる九月半ばの暑さの中で、私はこの事件を知った。

体が凍りついたように硬直し冷や汗が流れた。強い衝撃に言葉を失ないながらも、遂にここまで来たのか……という憤りに、鼓動が速まるのを覚えた。

これほどもの大事件を、同じ日本に住んでいるのに、なぜ私は知らなかったのだろうか。東京は情報の中心地だ。地球の反対側で起きた事件でさえ、たちどころに伝えられる。ましてや、国内のニュースだ。支局もあるし人の往来も激しい。情報が届かないはずがない。

あるいは、私は読み落としてしまったのだろうか。否、実は、東京ではほとんど報道されていなかった。

沖縄と東京は、何と遠いのだろうか。距離のことばかりではなく、認識や関心度といった点についてのことだ。これまでに何度も、その点で苦い思いも不快さも経験した。

いまに始まったことではないのだが、いつまで経っても、歪んだ意識による温度差があり過ぎる。

東京のある大手メディアに早速、電話を入れた。応対に出た中堅の記者は、私の話を聞いた後でこういった。

「あなたの気持ちは分かります。でも、それは一地域の事件です。那覇支局の記者がローカルな事件として扱うもので、東京は手を伸ばせないのです」

その記者は電話の向こうで、組織の仕組みについて色々と説明した。沖縄が復帰する前は、東京の記者が特派員のように派遣されていた。だから、記事もまっすぐに東京へ送られてきた。けれど、復帰して以降は九州の管轄になったから、東京へは九州を経てしか届かない。

丁寧に話してくれたが、私にはどうしても理解し難く、また納得もできなかった。この事件は、一地域の問題で済まされるはずがない。もし仮に、沖縄の男性が少女に、という事件ならばローカルの事件として括られるかもしれない。問題は、沖縄に駐留しているアメリカ軍の兵士によるものだ。明らかに、民間人に対する卑劣な許し難い行為だ。確実に国際問題になる事件だと、私は説得にあい努めた。

記者は理解を示したものの、その数時間後の電話はこうだった。

「地域の問題という域を、出られないんです」

仕方なく、私はまた別の記者に同じことを繰り返し説得を試みた。

やがて、事態の重要性に気がついたのか、あるいはアメリカ国内でこの事件が報道されたからなのか、ともかく五、六日ほど遅れて事件は東京でも報じられるようになった。そして、大きな問題として連日のようにとりあげられるようになっていった。

アメリカ兵の地図

ON CHART OF OKINAWA AND
NOTES
Yellow Sea
Sea of Japan
Pacific Ocean
1300 hrs
#3

けれど、それは思わぬ現象をもたらした。被害にあった少女を引っ張り出したいという力が、一部のマスコミに働いたのだった。

沖縄では、少女の人権と将来を考えながら、報道すべきか否かを悩んだという。少女の存在が特定できないように、気遣いながら伝えていく決心をした沖縄のマスコミとは、大きなずれだ。

肉迫して報道することこそ真実だと考えてのことだろうか。あるいは、沖縄の人たちが事件を普遍化することで、アメリカ軍基地の問題を前面に押し出すことを食い止めようとしている現われなのだろうか。国民の関心を少女に向けて、個人的な事件に決めつけてしまおうとしてのことか。背後に大きな力がのしかかって、メディアの上層部が自信をなくしたのだろうか。

どれをとっても、ジャーナリストの見識を問わずにはいられなかった。けれど、こうした節操を欠いた対応に、私たちヤマトゥンチュの、沖縄に対する認識の甘さが露呈しているような気がする。

外務省側の初めの発言も惨めなものだった。「アメリカを怒らせたくない」との思いばかりが強かった。沖縄の人びとが多少理不尽な状況に置かれても、泣き寝入りさせようとの気持ちが滲み出ている。アメリカの方が逆に、敏感に受け止めて三人の兵士の卑劣な行為にうろたえ、後には謝罪した。

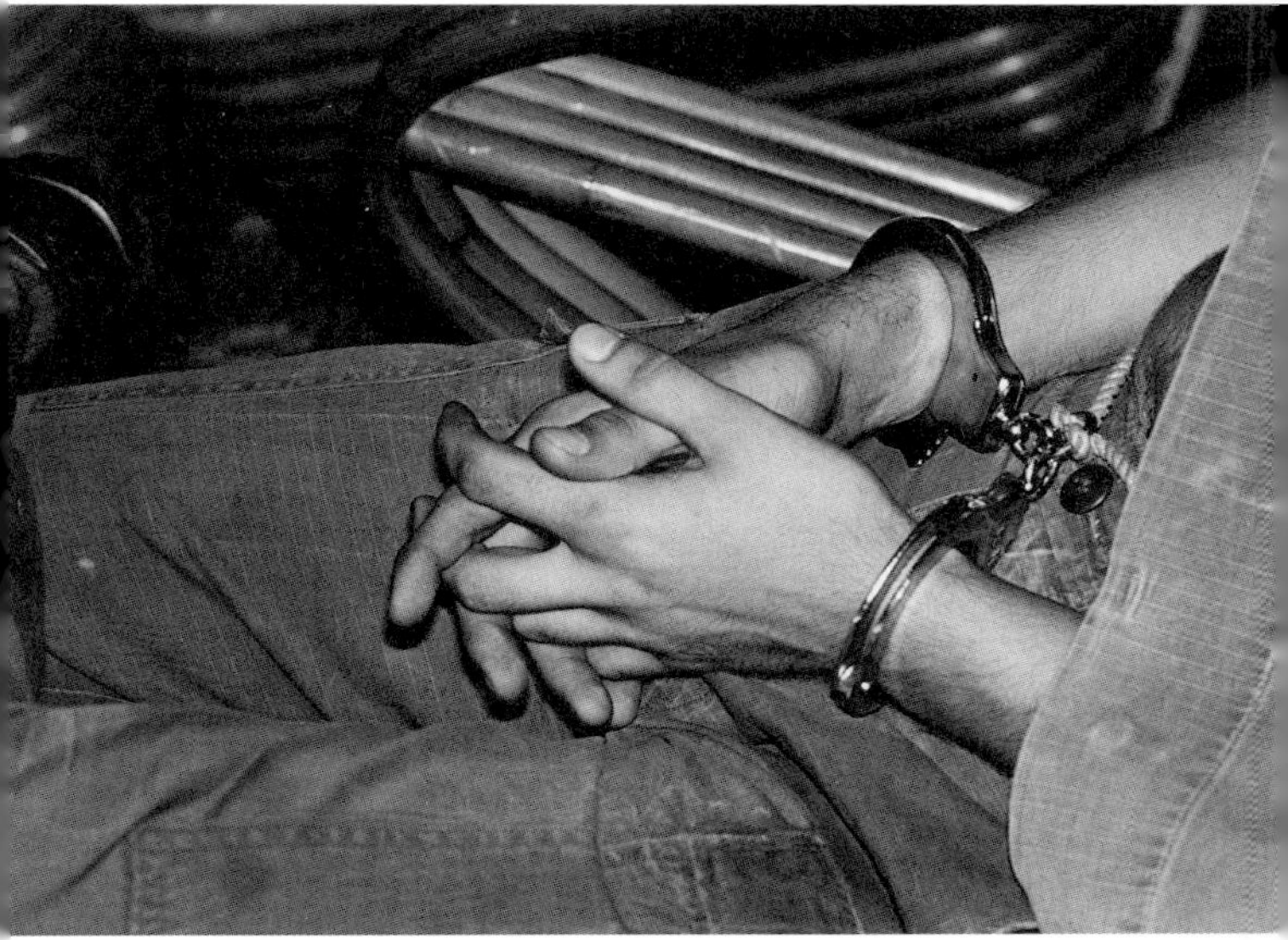

沖縄県警察に逮捕されたアメリカ軍の兵士

アメリカ国立公文書館に納められていた「沖縄返還」に関する文書が、二十五年たって公開された。明らかになったのは、アメリカは沖縄を手放したのではなかったということだ。「核持ち込み」と「基地の自由使用」の密約を日本政府と交わしたことで、アメリカは世界戦略の態勢を満たすことができた。けれど、日本政府はアメリカの世界戦略という真意に気がついていなかったようだ。国民に対して、政府は密約を否定していた。

二十七年間もアメリカ軍占領下に置かれていたことや、復帰以降のアメリカ軍基地について、日本の根本問題として真剣に考えていたのだろうか。復帰後に返還された土地は、沖縄全体のアメリカ軍基地のほんのわずかでしかないのはなぜなのか。

安保条約の前文にはこうある。

「両国の間の平和と友好の関係を強化し、民主主義の諸原則、個人の自由および法の支配を擁護する」

この半世紀、日本は「日米安保重視」を大声で叫びながら、高度経済成長路線をひた走りに走ってきた。その間ずっと、沖縄にアメリカ軍の基地を、全国の七十四パーセントをも押しつけた。沖縄こそが日米安保体制が持つ不均衡さそのものを象徴する存在といえる。

「思いやり予算」として、在日アメリカ軍総経費の七割をも支払い続けている。私たちが納めた税金を、世界でもっとも強大で、豊かなアメリカに支払っているという。どれくらいの人たちがそのことに納得しているだろうか。

アメリカ軍の東アジア兵力十万人体制は、アメリカの世界的な軍事戦略の一環に位置づけられている。その「グローバル化」に対しても、沖縄は負担を背負わされている。冷戦が終わった今、なぜ兵力増強なのかといった問題を、日本政府は表だってとなえない。私たちの疑問は一向に解消されない。


そこへ、また、明るみに出た事件がある。

沖縄本島から西に百キロ、久米島から北に約二十五キロの東シナ海に浮かぶ無人島の鳥島でのことだ。ここは、一九五一年からアメリカ軍の射爆撃場になっている。

この島で、使用が禁止になっている劣化ウランを含む徹甲焼夷弾を、海兵隊が千五百二十発も発射していたのだった。

この弾丸は破壊力を高めるために、弾芯に硬い劣化ウランを使っている。鋼鉄を撃ち抜いた摩擦熱が千百度以上になると、劣化ウランが発火する仕組みだ。しかも、天然のウランを濃縮させたもので弱い放射能がある。これは湾岸戦争の時に初めて使用された弾丸だ。戦後、兵士と、その生まれた子どもたちにみられる健康障害は、弾丸に含まれた放射能のせいではないかとも疑われている。また、環境への影響も危ぶまれている。

この危険な砲弾を違反して使用したのは、九五年から九六年にかけてのことだ。けれど、アメリカ軍がこの重要な事態を日本政府に連絡したのは、その一年後、さらに政府が沖縄に知らせたのは、一カ月も過ぎていた。

アメリカ国内では情報公開制度が確立されているが、日本に対しては、自分に不都合な情報は公開しようとしない。日本政府もメディアが報道するまで口をつぐんでいた。なぜ、アメリカ軍のこととなると、政府はこうもおよび腰になってしまうのだろうか。

沖縄の人びとの「他人を痛めるよりは」という思想に、ヤマトゥンチュは長い間にわたって甘え、当り前のことと慣れ親しんできたのではないだろうか。今こそ、私たちはウチナーンチュから様々な重荷を取り除くように、主体的に努めなければならない。沖縄の歴史的な立場を理解したうえでの、粘り強い主張と平和的な交渉が欠かせないように思う。そういう時期にきている。沖縄は決して隅におく問題でない。沖縄が「アジアの臍」にあればこそ、だ。

沖縄が突きつけている問題を通して、世界やアジアの中における日本の姿勢が試されてもいる。国家、人権、国際、安全、政治、安定した生活、個人……とは何なのか、奥が深い。

経済発展や生活の向上という、本来の目的のために土地の返却を求めてきた人びとの願いは、未だにかなえられていない。

しかも、九七年四月の国会で「駐留軍用地特別措置法改正」が可決された。軍用地主との貸借契約が切れても、米軍は強制的に使用を続けることが日本政府によって保障された。「試合中に、敗けそうになってあわててルールを変えたようで許しがたい」という国民の反対意見は、国会でたちどころに掻き消されてしまった。

私たちヤマトゥンチュは、また沖縄の人たちを裏切りつつあるのではないだろうか。

フェンス

ウチナーンチュの友だちと輪になって、泡盛を酌み交わすことがよくある。沖縄のあれこれの話題に花を咲かせたり、論じ合ったりする。

あるとき、フェンスが話題になった。沖縄では、「フェンス」といっただけで、アメリカ軍基地のことを意味している。もともと、公共の場も個人の住宅も、金網で囲われているところはない。


穏和を願うウチナーンチュだが、「平和」はもろく、たびたび辛酸をなめさせられ、苦い歴史が繰り返された。

沖縄の歴史をざっとたどって見ると、波乱万丈の歳月が感じられる。

首里城が築かれて、統一が果されたのは一四二九年のことだった。琉球王朝が確立し、独立国としての政治が営まれて文化も熟していった。けれど、一六〇九年に薩摩藩の島津軍に侵攻され、琉球王朝は、その支配下におかれてしまった。明治時代の廃

県道の両側に広がるフェンス

藩置県では、琉球から沖縄に変えられた。

そして、一九四五年には沖縄戦、さらに戦後のアメリカ軍によって沖縄は本土から分断された。

人びとの住居や畑の土地は、「銃剣とブルドーザー」によって戦勝国アメリカに強制的に取り上げられた。広大な軍事基地を造るためだった。

やっと生き延びた大勢の人たちが、土地を追われた。けれど、行く当てはなく、南米などへの移民となった人も少なくなかった。

占領下の二十七年間、極東の防衛拠点としてソ連や中国などの共産圏に向けて、基地は目一杯に活用された。朝鮮戦争、その後のベトナム戦争では沖縄がアメリカ軍の前線基地として、大いなる活躍の場となり、戦闘爆撃機が連日、フェンスを越えて飛び立っていった。

「フェンス」の本来の目的は何なのだろうか、という話題になった。むろん、基地の中に一般住民が入って来ないようにしているのだろう。

「いや、違う。沖縄の住民を囲うことではないだろうか」

友人のその言葉に、一瞬、シーンとなった。そして、皆、ハッとして顔を見合わせた。

確かに、普通、フェンスの柱は内側に向かって曲がっているものだ。ところが、沖縄のアメリカ軍基地の場合は、フェンスの柱の先端のほとんどが、住民側に向かって首をたれているではないか。

フェンスの代表的なものの一つに、アウシュビッツ絶滅収容所のビルケナウがある。当時、高圧電流の通った高いフェンスが張り巡らされ、電灯がこうこうとついていた。ナチス・ドイツの親衛隊が、点在する見張り台から「囚人」を監視していた。

絶滅、という名の通り、生きて出られる人は非常に少なかった。

かつて、アウシュビッツやその他の収容所から生還できた人たちを訪ねたことがある。かれらが口々に語ったことはこうだった。

「恐怖と飢餓が渦巻く地獄でした。何よりも辛かったのは、人間の尊厳を削がれていたことです」

あまりの辛さから、電流の通ったフェンスに触れて自殺する人が後を絶たなかったという。

そのフェンスの柱の首は確かに、内側に向いている。ナチスにとって、捕えた人びとは有無をいわさず囚人だったからだ。

プノンペンに、ツオルスレン監獄がある。ポル・ポト時代に造られた政府直轄の監獄だ。これは、ナチスの収容所にヒントを得たのではないかと思われる。数万人がここに投獄されたが、生還できた人は十人もいない。分かっているのは三人だけだ。

ここのフェンスもまた、内側を向いている。毛糸の玉のように巻き込まれた鉄条網でも覆われているが、首は外側には倒れていない。

本当のところ、沖縄のアメリカ軍にとって、住民は何なのだろうか。

まさか、直接的な敵というのではないだろう。けれど、強制的に取り上げた土地から追い出した人びとを、友好的で対等な存在だと考えていると思うにはギャップがありすぎる。

戦争で奪った沖縄だ。アメリカ人は狭い島に、広いアメリカ合衆国を造った。彼らにとって、フェンスを越えた向こう側は、実は住民を囲った内側に相当しているのかもしれない。

アメリカ人はフェンスを自由に越えられる。けれど、住民に自由はない。それは、フェンスを出ることになるからなのだろうか。本当のところは、何なのだろうか。

若夏のころ

やや濃いピンク色で小ぶりのカンヒ桜が咲き終って、野山が若草色に萌えるころになると雨の日が多くなっていく。やがて、真赤なデイゴの花が咲き始め、大地が潤うという意味のウリーの季節がやってくる。緑に包まれた短いこの時期を、ウチナーンチュは情感を込めて「うりずん」と呼ぶ。

うれずみの夜雨　節節もたがぬ
苗代田の稲や　色の清《ちゅ》らさ

二月下旬から四月にかけて、水田の稲や畑の麦の青々と瑞々しい美しさの光景を謡った琉歌のひとつだ。

こうした風情の季節と隣り合わせにあるのが、若夏だ。「うりずん若夏」というように、対語で使っている。沖縄で生まれた季語だけに、ウチナーンチュの繊細で柔ら

春の気配

かな心根が感じられる。

「若夏の訪れ、さーいやさーかほ、南風かほる稲田に、さーいやさーかほ……」と、八重山民謡でも愛唱されている。

若夏の光はとたんに躍動的で眩しく感じられることが多い。そっと吹いてきた風は、深緑に混じってこの春に生まれた柔らかな若葉にメロディーを奏でさせる。静まり返った空気の中で聞こえてくるこのうりずん南風《べー》の、サー・サワ・サワ……という音楽の心地よさは、この季節の魅力のひとつだろう。

森のようなところを散歩した。一本の木になったつもりになって、木々の仲間入りをした。上質の気分に浸りながら、新緑の香りを体の芯の奥深くまで吸い込んだ。自然界の魅力と不思議さは人間の能力を超えたところにあるといったごく当然のことでも、都会暮らしの私はその度ごとに感嘆の思いにふける。

木の気分のまま、樹木の間を潜り抜けると、小高い丘の上にたどり着いた。ふと見上げた視界を遮る大きな岩が、上からのしかかるようにすっくと存在していた。息を飲むようなその光景に、思わず立ちすくんだ。茶色と灰色を交ぜ合わせたようなごつごつとした岩肌を剝き出しにしていた。

登ってきた坂道のカーブは、この岩に沿っていたらしい。さまざまな色の緑に覆われていたので、山が、実は岩だったとは気づかなかった。あまりにもの変化の妙味にただ呆然としながらも、歩を進めた。岩の根元はくびれ、浅い洞窟のようだ。

先にはさらに別の岩があった。黒い三角形の岩が二つ、切り立つようにそびえていた。先頭でお互いが支えあっている。よく崩れないものだ……。さらに不思議な状態は、三角形の岩と岩の間にできた相似形の吹き抜け空間だ。

黒い岩肌に、空からの明かりが反射して青さが映る。そびえ立った先端の指す方角は、有史以前からの魂が漂う宇宙の壁に、小さく開いた窓に違いない。

岩間の三角形の空間をゆっくりとくぐった。冷やりとした別世界に行くような風が、狭い空間に淀んでいた。真ん中に立ち止まっていると、二度、三度と風が吹き込んできては走り去っていった。

開けた空に目がくらみそうになりながら見上げると、薄青い空に雲がたなびいていた。枝葉や草の合間に短い水平線を描いた太平洋が見下ろせた。

ここがセーファウタキ(斎場御嶽)だ。

ウタキ(御嶽)は沖縄の神事をする、崇高でけがれのない場所だ。神に近づくのは、昔から女性と決まっている。ウタキには村を建てた先祖や偉人の墓地を、後世になっ

蔓に巻かれた木

て聖地としたところも多い。今でも、神女によって祈願や祭りが行なわれ、ウチナーンチュの気持ちの中にどっかりと腰を据えている。

「あれが久高島《くだか》」

友人は指を指した。知念村から海上五キロにある約九平方キロの島が、ぽつんと浮かんで見えた。

この島は琉球を切り開いた神が最初に上陸し、しかも五穀の種子をまいた聖地でもある。後継者不足の悩みはあるが、秘祭のイザイホーは断ち切られてはいない。

久高島では、女性が三十歳になるとだれもが神女としての務めを担わなければならない。神と繋がるための資格を得るための祭式儀礼がイザイホーだ。そして同時に、海の彼方からやってくるニライの神によって祝福を受け、共に会食をする儀礼でもある。

祭式儀礼のすべてが常に女性が主人公で、男性は見物人だ。「太古、女性は神だった」が現代にも活きているような感じがする。

十七世紀ころまでは琉球王が島に渡って親拝していたが、後にはセーファウタキから拝むようになった。その場所から久高島が見える「お通し」で、王族はこの場所から願いをかけて拝んだ。

今でも、拝所として活用されていて、訪れる人が後を絶たない。置かれた石台には、

セーファウタキ(斎場御嶽)

平たく黒い線香の燃え滓がそここここに残っていた。

「ここへ来ると、ホッとするさー」

「ほんとさネー」

すれ違った女性たちの言葉が耳にとまった。

若夏のころのセーファウタキを、また訪れた。何度目だろうか。まるで初めてのような新鮮な感覚にとらわれる。丘では参拝の儀式を終えた女性たちが、荷を片づけていた。

「岩が珊瑚礁だということが、いかにも沖縄的。海の底から起き上がったというか。地球だって、感じるの」

この日、同行した上原美智子さんは、しみじみとそういいながら岩場に視線を向けた。沖縄の文化にこだわっている美智子さんは時折、ひとりでぶらりとここを訪れるという。

ウタキの線香台に十円玉などのお金が置かれている。お賽銭のつもりのようだ。

「沖縄にはこういう習慣はないの。ヤマトゥンチュの観光客ね」

TVドラマの「琉球の風」以来、崇高な場所にお賽銭を置きたい気持ちになるヤマトゥンチュも分からなくはないが、お金はこの場所には似つかわしくない。

珊瑚礁の塊のような岩場に腰を掛けて、また何度目かのうりずんの季節に浸りながら、おしゃべりに花を咲かせた。時々、二人の間に流れる沈黙が風の道を感じさせてくれて心地よい。こうした自然に身を委ねていると、心の底に漂っている思いがフツフツと浮かび上がってくる。

「親友が二年間の闘病生活の後、癌で亡くなったの。辛かった……」

美智子さんの横顔に寂しさが走った。

親友の死を機に、はかないものに漲っている生命力に魅かれるようになっていった。

「でも、もし私が二十歳代に極細の生糸に出会っていたとしたら、「あけずば織」は織らなかったでしょうね」

彼女の有るような無いようなはかなさの表現の根は、親友の死で突出したかもしれないけれど、ずっと以前から、そうした芽は胸の内にあって徐々に育っていったようだ。

「そうね……多分。兄の死と母の死のせいかもしれないわ」

彼女の兄は、沖縄のアイデンティティーに固執していた。

彼は七六年の沖縄海洋博覧会に携わり、この機会にこそ、外の人たちに沖縄文化を

亜熱帯の森を濡らす雨，うりずんの季節

ふんだんにアピールしていこうと張り切った。けれど、沖縄の政治的な状況と文化的なものとの狭間で苛立ちはつのるばかりで、次第に人との和にも歪みが生じて孤立していった。

「自暴自棄になって酒びたりになり、自殺し兼ねないような苦しい状況で、二階から落ちて亡くなったの」

兄の名は金城哲夫。「ウルトラマン」の原作者だ。爆発的に人気を集めたあのシリーズは、七〇年代前半の子どもたちをテレビに噛りつかせた。

金城哲夫さんは、中学を卒業するなりヤマトの高校と大学に進学し、東京にある映像製作のプロダクションに就職した。卒業したての彼が脚本家としての才能を発揮したのが「ウルトラマン」だった。

順風満帆の時期はそう長くは続かなかった。さまざまな出来事に直面しているうちに、彼は、七二年の沖縄返還を故郷で迎えたいと思うようになった。帰省して、沖縄のための映画を創ろうと考えた。

東京で一世を風靡した「ウルトラマン」の原作者といっても、当時の沖縄ではさして関心がもたれなかった。帰省したものの、中学以来の十五年間の空白は、彼の心にいいようのないギャップを生んでしまっていた。

芸術とか表現などの最先端でもまれた末に、彼がたどり着いたのが地域に根差した文化の大切さだった。沖縄の文芸を極めることこそが、自分の人生だと決心しての帰省だった。けれど、当時の沖縄では政治的な色調が演劇にも現われてきていた。

「兄は、昔ながらの芝居こそが素晴らしいといっていたわ。芝居をする若手からは慕われていたけれど、長老からは「ヤマト的だ」といった批判もあって、その狭間で苦しんでいたようなの」

それでも彼は、沖縄文化の粋を描く映画製作の夢は捨てなかった。初期に創った遊女チルーを描いた「吉屋チルー物語」の白黒フィルムの作品も、当時は日の目を見ることはなかったが、夢を追い続けた形のひとつだ。けれど、現実との差は開くばかりだった。

酒に逃げ酒に溺れるしか、胸の内を癒す手段はなくなっていた。けれど、かえってそれが、彼をさらに落ち込ませてしまったようだ。

そうした兄の姿に心を痛めていた美智子さんは、沖縄の文化についての良き語り相手でもあった。

「兄は、沖縄はいいぞ、沖縄の文化を学べ、と口癖のようにいっていた。私の織に対しても賛成してくれて、一番の理解者だったの」

彼女が兄と一緒に暮らした期間は短い。十一歳も離れているうえに彼が他県の高校

◀サンニン（月桃）の花と赤瓦

へ進学したために別居だった。しかも、兄が帰省するのと入れ違いに、彼女は東京の大学へ行った。そして、彼女が戻って一年足らずで、彼は亡くなってしまった。

「兄という印象よりも、沖縄の文化にこだわった先輩。生きていたらどんなに心強いかしら……。兄の思いを受け継ぎたくて、織をしているようなところがあるの」

美智子さんはしみじみとそう話したあと、こう続けた。

「母は兄の映画製作の夢を実現させたい、才能を伸ばしたい、そのためなら、いくら働いても苦労しても、悔いはない、とさえ思っていたの。だから、私も懸命に母の手伝いをして、コマネズミのように働いたわ」

彼女は、ほんのりと笑みを浮かべた。見上げた樹木の葉が逆光を受けて、エメラルドのように輝く。葉からこぼれ落ちる緑色の木漏れ日を、彼女は眩しそうに見上げた。少女時代の自分の姿を哀れみながらも懐かしんでいるような表情だった。

母親の必死な願いも叶うことがないまま、映画製作の借金の額は「家が二、三軒も建つほどにも」膨らんだ。そうしたことから母親は心の病に陥ってしまった。

「鬱の状態がひどくなると、母は私に「死にたい」っていうの」

美智子さんは母親のブランコのように大きく揺れる精神状態の中で暮らした。母親の心の支えになろうとそればかり考えていたが、自分に娘ができて初めてわかったことがある。

「私、どんなに苦しくても、子どもの前で「死にたい」なんて、決していえない」

大きな黒い瞳がかすかに潤んだ。


彼女が、現在は画廊を経営している誠勇さんと結婚して、お腹の中の長女が六カ月の時だった。哲夫さんの下の兄から電話があった。

「美智子ー」といって、かなりの間、言葉が切れた。そして「おかあさんがー」といって声を詰まらせた。

哲夫さんが亡くなった翌年の一九七七年のことだった。

「心筋梗塞だったの。母の精神状態も少しずつ良くなっていたので、子どもが生まれたら、手伝ってもらいたいっていっていたのに……」

大きなショックで、彼女は二度も流産しかけて入院した。

「パニックになったわ」と、繰り返した。どんなにか悲しく辛かったことだろう。

母親や兄の精神状態とつきあいながら、美智子さんは常に大きな難問の前に立たされていた。人間の精神とは何なのか。人間の心の奥の状態に、強い関心を持たないではいられなかった。

「母はある日、突然に鬱になって、精神を失なったようになるの。精神が穴の中に落ちてしまったように……。あの、気丈な母が心の病に陥るなんて、考えられないほどのことよ」

母親の金城ツル子さんは、戦争で左足を失ない、義足だった。

セーファウタキに吹き寄せてきた若夏の南風が、美智子さんの真っ黒いおかっぱ髪を撫でていった。頬にまとわりついた乱れた髪を長く細い指先ですきながら、彼女はごつごつした岩場の方へ視線を向けた。若夏が映り込んだような気がするほど、大きな岩には不思議な色調が漂っていた。

愛しい人たちの死に直面してきただけに、今、自分がここにいる意味は何なのかと問わずにはいられないのだろう。

「人が生きている、生かされている、時間をもらっている……。私、そんな感覚になったわ」

いつの間にか、真昼の太陽が私たちをすっぽりと照らし始めた。

花曇りの日、美智子さんに案内されて、実家でもある料亭を訪ねた。池や橋、灯籠などが緑深い熱帯の植物にアクセントをつけていた。

「父は大正二年生まれ。元気なのは毎日、自分が作った庭の手入れに余念がないからでしょうね」

タロイモと同種のターンム(田芋)畑

父親の金城忠栄さんの庭園作りは、南風原《はえばる》の広大なサトウキビ畑に、針葉樹の一本のモクマオウの木を植えたことから始まったという。趣味でさまざまな樹木を育てて、とうとう千坪もの庭を作り上げた。評判も良かったことから、庭園内に料亭を建てたのだった。

忠栄さんがゆっくりとした歩調で庭の樹木の陰から現われた。ほっそりとした体型、姿勢の良さは清々しい。笑顔が美智子さんとよく似ている。

獣医だった忠栄さんは四一年に召集され、ビルマ戦線で四年間を戦った。

「着のみ着のまま、生命だけをもって帰った。沖縄戦の激しさは壊滅状態だと聞かされていたから、墓にテントを張っての一人暮らしを覚悟していたんだ」

ほっとしたような眼差しを娘に向けた。家はなかったが、家族はみな存命だった。彼は妻の怪我に驚きはしたものの、生命があったことに感謝するばかりだった。

「戦争はいやだ。どんなに酷いものか。平和がいい。帰国してから生まれた次男には、だから和夫と付けたんだ」

戦後、植木に精を出し始めたのも、戦争で地獄を体験した忠栄さんが、心を癒す手立てにしていたのかもしれない。

この庭園内の一角に哲夫さん一家も住んで、家族あげての商売にエンジンをかけた。

が、その矢先に哲夫さんは、幼い四人の子どもを残し、三十七歳の若さで逝ってしまった。

妻の裕子さんは悲しみに途方に暮れながらも、生活と子育てに追いまくられる日々となった。

「もう夢中で、二十年あまりが経ちました。思い出に浸ることも、悩むゆとりもないほどで……。息子が跡継ぎになって、孫もできて、やっと、という感じです」

女将として、嫁として、母として、必死に守り育ててきた人生だった。

「裕子姉さんには、私が織った帯をよく買ってもらったの。そのころ、なかなか売れなかったから。本当に助かった」

裕子さんは柔らかな微笑みをたたえて頷きながら、義妹の自立をわがことのように慶んでいる様子だった。

「この帯も美智子さんが織ってくれたもの。大事に締めているわ」

美智子さんが染織したレンガ色のような朱色のような不思議な色合いの帯が、青い琉球銭玉絣《ジンダマ》の着物と釣り合って、色白の裕子さんの上品な人柄をしのばせていた。

庭の木立ちに飛んできたヒヨドリのチー・チー・チッチ、という晴れ晴れしたような鳴き声が、若夏の風とともにとどいた。

美智子さんの自宅へ立ち寄ったときのことだった。机の上に置かれていた一冊の本が目にとまった。『母たちの戦争体験』(沖縄県婦人連合会編、一九八六年)だ。

これは「鉄の暴風」といわれた百日戦争の様子を、七十人あまりの女性たちが執筆した文集だ。凄まじい戦場に巻き込まれた住民、とりわけ母たちの姿が浮かび上がってくる。と同時に、日本軍と米軍の戦闘の様子もうかがい知れて興味深い。

この中に母親の金城ツル子さんが戦場で書き留めた日記の一部が掲載された。「我が心の戦争が終わるまで」という題だ。

アメリカ軍の爆撃が始まった四五年三月にツル子さんは撃たれ、左足を切断してしまった。その日から、毎日小さなノートにぎっしりと書き綴った。

「それほどの気丈な母親」から、美智子さんたちは子どものころから沖縄戦の体験を始終、耳にしてきた。そして、父親からはビルマ戦線での話を聞いて育った。

「家庭の中ではいつも、戦争と平和の会話がごく自然に交わされていたわね」

ツル子さんの日記の一部を紹介してみよう。

三月二三日　(前略)その日も朝から爆音が聞えてきたがなんとなくいつもと異なった無気味な響きであった。「米機のお見舞いですかな、たいしたことはないでしょう」と隊長さんはいつもより遅い洗面をしておられた。私は落ちつかないので平松隊本部まで駆けていった。すると当番の方が「七時二〇分空襲警報発令です」といわれた。急いで引き返し、哲夫と栄子を防空服に着替えさせ実と一緒に壕へやり、祖母と母をせきたてた。いつもの空襲には一しょに避難していたのに、食器を片づけてからと思ったのが運の尽きであった。

父が二番座の戸袋に身を寄せて空を見上げている。「お父さん、危ない」と後ろから父の肩に手をかけた時、字金良の方向からわが家に突っ込むのかと思うほど低空してきた米機三機から、ばらばらと弾が撃ちこまれた。

とたんに、私は左足にじりじりと電気が通じたような衝撃を感じた。見ると足首ははねとばされ僅かの皮膚にぶら下がっていた。(中略、南風原陸軍病院へ運ばれる)

父が立ち合い、五人の軍医殿によって手早く手術が行なわれた。脊髄麻酔だから不思議なほど一部始終がよくわかる。骨を切る音、ヤスリでこする音、痛みを覚えないまま私の左足は膝関節五寸下から切り落とされてしまった。

一時間後にはまた死んだほうがいいと思うほどの痛みがきた。(後略)

三月二四日　(前略)担架のままキャベツ畑に避難させられた。蒲団の上にソテツで偽装してもらう。米機はしきりに低空して病院に機銃を浴びせる。ピューン、プスッ、キャベツ畑にも弾が落ちてくる。(略)二日後に哲夫と栄子に会い無傷の姿

丘の上のアダンの木

にうれし涙がこぼれた。
三月二五日　きょうも朝から激しい空爆が続く。（後略）
三月二六日　きょうも朝から激しい爆撃、いよいよ危険が迫ったようである。（中略）「あと二十日くらいでよくなるでしょう。また明後日来ます」と言ってくださる。卵を十個ほど軍医殿にさしあげる。
三月二七日　日増しに空爆も艦砲も激しくなる。（中略）「第一線に行くよ」と兵隊さんが小さい哲夫に言っていた。
三月二八日　きょうも友軍機は一機も見えないそうだ。（略）「戦いが激しくなり治療に来れないから自分でするように」とおっしゃる。「軍医殿にさしあげてください」と豚肉を包んでおあげする。（後略）
四月一日　（前略）十二時頃二階建てのわが家が燃えた。「惜しい惜しい」と祖母が繰り返す。（後略）
四月十日　米軍が上陸して十日目だというのに友軍機は飛んでくれない。
四月二七日　蚤《のみ》としらみに悩まされる。第一線に行く兵士たち。負傷して後送される兵士たちで混雑する。
四月二九日　天長節、友軍は飛んでこない。米軍機の攻撃は激しくなるばかり、米軍は完全に制空権を握り思うがままに飛んでいるやに見える。

空母二隻、戦艦三隻轟沈などのニュースあり、海では勝って陸では負けているという。
五月七日　早朝から艦砲が盛んに撃ち込まれる。爆風が壕に入ってくる。哲夫と栄子が頭から布団を被って震えている。

五月十日　第一線から負傷兵が後送され壕はいっぱいになる。眼を失った人、手足を失った人、うめき声で生き地獄だ。（後略）鈴木軍曹のニュースによると、国頭《くにがみ》戦では男は戦車で轢殺され女は米兵の弄びものにされている。国頭に疎開した人々の身が案じられる。

五月一五日　第一線よりの負傷兵は日増しに多くなるばかり、夜間にも防衛隊、学徒隊が弾雨の中、負傷兵を運んでくる。学徒隊の活躍ぶりに感激の外はない。

五月二五日　（前略）叔父の家族の壕に艦砲が落ち全員が生き埋めになった。（中略）父と母に預けた哲夫のことが案じられて一睡も出来ずに夜が明ける。両親と息子は玉城に疎開する。

五月二六日　降り続く雨は壕の中へ流れ込む。（後略）

六月三日　午後七時頃、米兵に黄燐弾を壕入口に投げ入れられて、祖父・実・栄子と私四人は約二時間ほど苦しむ。（中略）山の上に米兵の姿が見える。手早く泥を全身に塗り栄子を抱きしめ大木の根元に潜んだ。間もなく四、五名の米兵に囲ま

サトウキビ畑

れたがひどい姿に同情してか金良橋の所まで送ってくれた。そして自宅の物置小屋にたどりついた。

六月八日　（前略）津嘉山方面に数十人の人々が一列になって米兵に引率されて行く。

六月九日　（前略）祖母を壕から迎え移動する。そこで四十二日間合同生活をした。そこで老衰の祖母を失う。

七月二一日　（前略）幕舎（テント）生活十日。

九月九日　父母と哲夫に再会。共に暮らす喜びを迎えた。

九月二〇日　転々と移動の連続であった。昭和二一年九月主人がビルマより復員したので我が心の戦争は終った。

密林

西表島に着いた日は三月も末だというのに肌寒く、うりずんの季節がもうすぐそこまできているとは思えないほどだった。上着の襟を立てて、シマンチュ（島人）に混じって西に向かうバスを待っていた。

「まだ、冬が残っていたのかね……」

シマンチュのだれかれとなく、そういった。なんと素敵な言葉だろうか。冬が残っていた、なんて……。

残り冬の沿岸を、西に向かって一時間ほど走った。本来ならば、石垣島から船浦港にも入港するのだが、波が荒くて内海側の大原港で下船となった。

「ニンガチカジマーイだからさ」

だれかがそういった。

「二月風廻り」と書く。旧暦の二月の風は、台風に次いで恐れられている。大陸からの移動性の高気圧と低気圧が次々にやってきて、南風と北風がぶつかりあう。風向きが急変することから、風廻りといわれるようになったそうだ。

雨混じりの多い肌寒い海岸には、ヤエヤマ・ヒルギの種子があちらこちらに落ちていた。風で飛んできたのだろう。十五センチ前後の棒状の薄い緑色がかった胎生種子に、小さな笠のような茶色いガクが付いている。

東南アジアではよく見かけるけれど、日本では珍しい植物のひとつだ。

夏には観光客で賑わう月ガ浜なのに、だれもいない。雨雲もしっとりしていいものだ、と呟きながらふと、横を向くと、崩れかけた二本の低い石積みが、マングローブ林から砂浜を突き抜けて波打ち際まで伸びていた。


西表島はイリオモテ・ヤマネコで有名だが、もうひとつ忘れられた名高いものがあった。炭坑だ。戦後はほとんど採掘されていない。

浜でみた石積みは炭坑からの石炭を船積みをするための、トロッコ・レールの台座の残骸だった。

西表島の石炭の歴史は古く、江戸時代に燃える石として島人の青年が見つけだした。その後、ペリーが黒船の艦長として浦賀に現れる以前に滞在していた沖縄で、この石炭の存在を知って確保に努めた。当時、石炭は貴重な燃料だった。

明治時代には富国強兵策に従って日本中で炭坑が発掘され、西表島もその歴史の流れに組み込まれていった。そして、今日までの間に炭坑の運命は「月が出た出た」の三池炭坑の閉山で象徴される変遷をたどってきた。

沖縄戦などと違って、西表炭坑についてはほとんど研究がなされていなかった。

この知られざる西表炭坑を、一九七五年ころから執拗に調べ始めたのが、沖縄のジャーナリストである三木健さんだ。彼はこれまでに『沖縄・西表炭坑史』(日本経済評論社、一九九六年)などの書物を何冊も著わしている。日本中を歩いて資料を集めたものや、生前の坑夫たちの証言集など、どれも読み始めると引き込まれる凄味がある。沖縄の近代史からも顧みられなかった暗部を、彼は民衆の側の視点に立って世に知らせ、問うてきた。


西表島の全体が深い原生林に覆われているため、マラリアの発生が数十の村を廃村に追い込んだ。坑夫も当然のことながらその被害にあい、バタバタと倒れていった。そのうえ、彼らの食糧事情は最悪だった。栄養失調はマラリア罹患を招きやすく、ほぼ全員が体をむしばまれた。

三木さんの本によると、労働環境も劣悪で、狭くて低い坑内では這うようにしての採掘作業が行なわれていたようだ。太陽を見ることはめったにないほど、早朝から夜中までの長時間労働だ。労務管理者は常に鉄棒やムチを手にするといった暴力機構と化していた。

甘い言葉で騙して連れてきたために、逃げ出そうとする人が絶えない。それを食い止めようと借金づけにし、給料は炭坑キップで支払われ、強制結婚までさせた。

まさに生き地獄だった。逃亡者は、原生林の奥深くで息絶えたか、追手に捕まって殴り殺されるか、悲惨な末路がほとんどだった。また逃亡者をかくまうと厳罰に処せられた。それでも、密かに逃がしてやる村人のおかげで、逃亡に成功した人もいた。

坑夫の過酷な状況を島の人たちは知っていた。だから坑夫になることはなかったが、炭坑の建設や土木作業などに従事する人は少なくなく、炭坑は島にも潤いをもたらしていた。

島の水田で、白米よりも細長い古代米の赤米(黒米)を栽培している新城寛好さんは、当時の状況を今でもはっきりと覚えていた。

「坑夫は村に野菜などを買いにきていた。痩せて青白く、疲れきっていたね。時々、こん棒で滅多打ちされる坑夫もいた。恐かったさー」

当時を語る新城さんからは、土に生きる人の優しさが滲みでている。

「みんな、ベトナムへ行ったさー。あのね、死んだっていいたくないでしょう。遠いところへ行ったっていう方がいいでしょう」

彼は悲しそうな表情でいった。ベトナムで会った農夫たちの姿が重なった。

坑夫は日本各地、沖縄各地だけでなく、台湾やコリアからも少なくなかった。

一九八六年に、私が会った楊添福さん(一八九九年生まれ)は台湾出身の坑夫だった。彼はのちに、台湾で坑夫を募集して連れてくる一種の管理者になった。それは一回に六十人ほどで、内離《うちばなれ》島の炭坑には五百人ほどの台湾人坑夫がいたという。妻は夫の部下の食事をまかなっていた。

「会社は坑夫に強制的に麻薬を使って働かせた。戦争になり私も軍に徴用されて、飢えとマラリアに苦しめられました」

楊さんは戦後、台湾に帰ることもなく西表島に住んで農業を続けた。復帰後に日本国籍をとって橋間と名乗った。

庭先に造った猪小屋の前で、やせて小柄な妻の美好さんと笑顔で話していた姿が忘れられない。

坑夫ばかりか、こうした炭坑の関係者は今となっては、ほとんど存命していない。

密林に覆われた炭坑跡に立ってみたいと思った。大城清三さんに舟を繰り出してもらった。

彼は父親が炭坑の建設関係の仕事をしていたために、九歳ころまで炭坑に出入りしていた。

「覚えているさ。恐かったねー。坑夫はよく殴られていたさ。殺伐としていたね、そりゃ」

若草色の雨カッパにヘルメットをかぶって、降りしきる雨の海に出てくれた。雨に包まれた島の奥深さが、海上からもひしひしと伝わってくる。標高は低いが険しい山々が海岸に迫っている。舟の動きにつれて離れていく山の緑が煙っては消えていった。

炭坑があった所のあちらこちらに寄りながら、内離島の八坑に着いた。白いはずの浜辺は雨でベージュ色に変っていたが、むしろこの場所には相応しいように感じた。透き通るようにきれいな海水が、静かに打ち寄せる。波に洗われて角がとれた貝殻や小石が、砂から顔をのぞかせていた。岸辺の草むらに近づくと、雨空を受けた鈍い黒光りのする小さな物体が点在していた。

かがんだ姿勢のまま首を上げると、茶色い砂岩の貯炭場の壁面が低い空にむかって切り込んでいくように残っていた。百年という歳月の風雨に曝され、崩壊の寸前だ。かろうじて一面だけが、踏み耐えている。それも、もはや薄紙を立たせたような危うさでしかない。

今を盛りと茂るアダンの、肉厚で刺のある葉とは、対照的な貯炭場の姿だ。生と死、現在と過去、不遜な人間の末路と自然の壮大さを考えずにはいられない。

これが、あの石炭か……。再びかがんで拾いあげた石炭屑が、まるで坑夫の苦しみの涙のように黒く濡れていた。

積み石をたどって山を登ろうとした口に、紫色のアザミの花が咲いていた。煌めく星座のような鮮やかさだ。だれかの、願いの結晶かもしれない。

そこここに咲いたアザミのすぐ奥は、アダンの幹が強く絡まり合って、人踏を拒んでいる。薄暗いなかでいやに白い幹の下を潜り抜けながら急斜面を登ると、坑口に出た。

坑道の奥をのぞくと真暗だ。どこまでも深い闇が続いている。少し中に進んでみると、坑道は急降下していた。雨で足元がふらつく。踏み外したら大変だ。闇の奥の奥まで滑り落ちてしまうだろう。

ストロボを発光させて奥をうかがった。やはり、闇の先は、また闇だ。

坑道の入口付近は、苔が生えツタが忍び込むように広がっているだけに、雨が滴り

八坑の貯炭場跡

落ちる。滝のミニチュアのようになった雨水が石と石の間を擦り抜けて、遠く奥深いところへと下っていく。

雨に光る壁面には、ツルハシで切り込んだ跡が深い傷のように残っている。縦に斜めにと幾重にも刻まれた鋭い線が、空の光を吸い込んでくっきりと浮かんでいた。一本いっぽんに個性が備わっているかのように、太さも形も違う。一人ひとりの、魂の証しなのかもしれない。

坑夫たちはここでマラリアに罹患し、暴力に怯え、空腹に耐えながら重労働に屈していた。静かな海が、丘が、島が、目の前に広がる。この明るい広がりは希望でもあるはずなのに、透明な部厚い檻となっていた。

望郷の念に駆られながら、どれほどの人が血の涙さえも涸らすほど絶望に打ちひしがれ、胸の奥深くで泣いたことだろう。あまりにも残酷だ。悲しすぎる。

ヒルギが生い茂る浦内《うらうち》川の支流の宇多良《うたら》川を遡りながら、原生林を掻い潜って進んだ。ニッパヤシ、サキシマスオウノキ、ギランイヌビワ、ハブカズラ、クワズイモなどの熱帯植物が目を奪う。また降ってきた雨が、緑の色をさらに浄化させた。

三十分ほど歩いた密林の真っただ中に、忽然と遺坑が現われた。骨のようになったコンクリートの支柱と、傾斜しかけた煉瓦積みの支柱が連なっている。採掘した石炭

坑道の天穴にツルハシ跡と，はびこるアダン

宇多良《うたら》炭坑跡のレール支柱に絡むガジュマルやアコウ

を積んだトロッコのレールがここを走っていた。宇多良炭坑の跡地だ。煉瓦の支柱にガジュマルやアコウが固く絡みついている。

「ああ、絞め殺しだ」

案内してくれた島の人は声をあげた。幹や根、蔓が煉瓦を取り囲んでギリギリと絞めていく。屈強な坑夫が耐え難きを耐えた苦しみに代わって報復を受けているように思えて、身震いした。

「キジムナーが棲んでいるのか」

妖怪の一種だ。赤面や赤毛童の姿でガジュマルやウスクなどの古木に棲みつく木の霊だ。

密林に降りしきる冷たい雨音が、咽ぶ声と合い重なる。遮断されたこの光景が虚ろではないことを訴え、あの時代への臨場感をも語っているように感じた。

熱帯樹の勢いは激しく、すべての物体を呑み込んでしまう。

カンボジアのアンコール遺跡も、熱帯樹に覆われて深い森となって長年、眠り続けた。樹木の成長が遺跡を崩していく様子を、私は目の当りにしているだけに、炭坑がやがて原生林に取り込まれて崩れ、跡形もなくなるのではないかという不安がよぎった。もし、そうなれば、ここに炭坑があったことさえも消えてしまう。坑夫の魂は行く当てを失い、密林をさまようばかりになるだろう。

宇多良炭坑は一九三五年ごろに隆盛を極めた。その当時に撮影された写真を見ると、深い森は切り開かれて村ができている。娯楽施設なども造られたようだったけれど、坑夫の環境はさして改善されていなかったという。

そして、戦争の勃発によって西表炭坑の坑夫たちは、戦場に狩り出された。戦争は、皮肉なことに坑夫の解放だったともいえそうだ。炭坑は働き手を失ない、やがて消滅した。

三木健さんは『沖縄・西表炭坑史』でこう述べている。

「この坑夫たちの圧制の歴史こそ、近代日本の底辺をなすものであり、日本の近代化を撃つ歴史でもある」

半世紀の歳月のなかで、村の姿は跡形もなく消えてしまい、再び熱帯樹に覆われた元のジャングルに戻ってしまった。ただ、レールの支柱だけが風前の灯火のように佇んでいるばかりだ。

自然の力の前では、ただただ時という流れに任せるしかないのだろう。人間の力では、とうてい及びもつかない。生まれるもの、消滅するもの、そのいざよう波の間で私たちは生きていることを改めて考えさせられた。

マングローブ林

鼓動

西表島は熱帯植物に覆われ、エキゾティックな情緒が漂う。さまざまな色調の緑に浸って楽しむうちに、ふと、いま自分がどこにいるのか、東南アジアなのか、などと気分が混乱する。仲間に行き合ったような懐かしさと親しみが、どの植物からも感じられるからかもしれない。

一口にヤシといっても数百もの種類があるらしい。そのなかのニッパヤシを目にした時は、メコン・デルタ地帯を歩いているのかと錯覚した。根元からヤシ特有の深緑色をした細長い葉が勢いよく生えているものだ。また、板を立てたような根を張るスオウノキも、樹木に巻き付いた蔓のハブカズラも、私をどこか遠い国へと誘ってくれる。

そして極めつけが、一面のマングローブ林だ。海水と真水の交流する特殊な環境での成育だから、限られた場所でしか育たない。東南アジアでは、樹齢が百年以上という太いヒルギもあり、建築の素材や上質の炭などに使っている。西表島のヤエヤマ・

スオウノキの板根

ヒルギは、東南アジアのものよりも幹も細くて小ぶりなようだ。

熱帯樹に覆われた山々を背景にして、緑のじゅうたんを敷きつめたようなマングローブの広がりは圧巻だ。浅瀬に立って微かなせせらぎの音に耳を傾けながら、緑の斑点模様を描くような生まれたばかりのヒルギを目で追った。胎生芽が飛んできて、あるいは流れてきて芽を出した赤ちゃん、そして兄さん、姉さんがそこここに育つ。清流の対岸は深い森だ。よく見ると、森の入口に小舟が一艘つながれてあった。やがて、一人の男性が小舟を操ってこちらに向かってきた。

「よー、ターザン」

案内してくれた友人は、手をふった。現われた白髪まじりのやや長髪の男性は、見るからにターザンのように野性的な感じだ。

「やあー」といって、大きな真っ黒い瞳を向けて笑った。褐色に近い肌色も加わって、見るからに自然児といった風貌だ。

「さあ、この舟に乗って」

そういって差し出してくれた手を見ると、何とがっしりしていることだろうか。なるほど、ターザンと呼んだほうがよさそうだ。

「指笛でカンムリワシも呼べるんだ」といいながら、透き通るような鳥の鳴き声をたてた。鳥の返事はなかったが、ターザンの説明は続いた。

「鳴き声が返ると、また違う音を出してやる。そうすると、相手も鳴き方を変えて応えてくるんだ。そんな風にして、鳴き合う」

不思議な人だなと思いながら聞くうちに、対岸に着いた。森の匂いがする。急斜面を上がったところの樹木の前で、ターザンは私の顔をのぞくようにしていった。

「この木なんだ」

咄嗟には、彼が意味していることがつかめなかった。熱帯樹のなかで、何の変哲もないどこにでもありそうな灌木のような木を指して、この木だといわれてもピンとこない。けれど、彼は大きな目をさらに大きく開いていった。

「これが、雁皮《ガンピ》の木だ」

雁皮と聞いたとたん、すーっと寒気が走って緊張した。これが、あの雁皮か……そう思いながら改めて見直した。


ターザンこと本原哲二さんは、雁皮を原料にして和紙を作っている紙すき師だ。コウゾやミツマタのような存在の木なのだが、日本で現在これを原料にして和紙を作っている人はあまりいないらしい。それだけに、雁皮紙といってもなじみがわかない。

松尾芭蕉が「奥の細道」を執筆した原本の存在が最近になって公表された。三百年前のその紙が雁皮紙らしい。百十年前までは確かに使われていたのだが、途絶えてしまっていた。この、まぼろしの和紙を再現させようと、本原さんは試行錯誤しながら取り組んできた。

「これが雁皮ですいた紙ですよ」

そういって、新聞紙で包んだ筒状のものを開いた。ベージュ色のきめの細かい和紙が現われた。目に優しい色調の広がりが、草木のなかで実にしっとりと溶け込むようだ。滑らかでいて芯がある。それに何と柔らかな感触だろうか。自然から誕生した温もりが、初めて見る私にもひしひしと伝わってくる。

まさに、まぼろしの古代紙がここに甦っている。風が紙を揺らす音色も、穏やかだ。それでいて張りがある。彼がすいたほかの和紙と比べるまでもなく違いが歴然と感じられる。

「この音は雁皮紙だけのもの、ボクにはすぐにわかるさ」

どの原料を使っても、紙すきの仕事は重労働だ。木の皮を剝いて表皮をとり、良質な繊維を取り出し、塵を除くなど長時間の作業を、三晩四日を眠らないで続ける。冷水を流し続けるから体は芯まで冷え込む。干し板に張って天日で干すが、どこの木陰にするかはその都度決めていく。手間と根気、体力がいる。それでも、「紙すきほど楽しいものはない」といって真っ白い歯を見せて目を細めた。

本原さんが紙すきに関心を抱いたのは、子どものころのことだった。祖父が西表民謡を唄って聞かせた。そのなかの「殿様節」を聞いて彼は強い関心を持った。長い歌の終りの方に、和紙を作る歌詞がある。そこで、昔は西表島でも和紙をすいていたことを知った。

おいだりつうさん(公務に忙しい)
めえだりかいさんある殿様よ(仕事にまじめな殿様よ)
思いぬふか　むてぬふか(思い、考えてもいない)
かび屋かいおりねぬよ(紙すきの家に行ってしまったよ)

小学校四年生のとき、当時、父親の仕事の関係で住んでいた石垣島の紙すき所を訪ねた。

「それを見て、ボクは紙すき師になろうと、心に固く決めたんだ」

祖父母に始終いわれていたことは、おまえたちの時代は猪を捕るわしらとは違うから、近代的な技術を身につけよということだった。さらに、テレビがまだ島になかったころに祖父はこういった。

「箱の中に電気を通して、遠くの人の話が聞けるらしい。おまえの時代は大変な時代になる」

本原さんは大型車の免許、重機オペレーターの免許、自動車教習所の指導官の資格などを取得した。

二十八歳で結婚すると同時に、西表に居を構えて住み始めた。それ以来、性質や個性、長所や欠点、さまざまな角度から雁皮を見つめ続けてきた。

雁皮の木は夏になると、樹皮の潤いが濃くなる代わりに葉は脱水状態になって落ちる。九月に出た新芽からは六枚葉が育ち、やがて黄色い四枚びらの小さな花を咲かせる。そして冬になると実をつけ、樹液が豊かになって上質の原料が採れる。

「人から笑いものにされた。笑われても自分の人生を変えるつもりはなかった」

六年後の一九七四年に窓の網戸を使って、野生の雁皮の木をすいてみた。

「できたんだ。嬉しかったね。でも、謎は多く、やっと闇に小さな灯火が見えたという程度だった」

その後、畑での栽培量もぐんと増やした。最近では、年間に三千個の種子を野生から選別して蒔いた。そのうち、二千七百ほどが芽を出したが、床苗にはまだ二年間かかり、千五百本あまりが成長すれば成功だという。それでも、種子から伐採までに二十年かかる。

「ボクが七十歳になったときにすく紙の準備を二年前にした」

彼は併せて、芭蕉の木を栽培して芭蕉紙を作っている。沖縄の特産として広く知られたものだ。また、台湾加治乃木(クワ科)の紙もすく。白いこの紙は、琉球を支配していた島津藩が藩の経済不振からの脱却を目指して奨励したときに用いられた。

自然を相手に、土づくりからの作業を丁寧にこなしていく。三十年以上たった今でもまだ、奥の深さに戸惑うことさえあるという。

山の水はどんな猛暑にも涸れたことがなく、夏は冷たく冬は温い。その水をパイプで引いて使う。また、雁皮の堆肥を模索しながら山羊を飼い、制作過程で必要な糊は、雁皮の葉のほかにリュウキュウ・トロロアオイの根が良いことも分かった。鶏、アヒル、ガチョウを飼って、食べられる草と食べられない草なども観察中だ。

山の工房では、イリオモテ・ヤマネコやボナチと呼ばれる大きなトカゲ、猛毒を持ったハブ、猪、カンムリワシといった山の生き物とどうつき合っていくか、また、台風の襲撃にはどうするかなど、自然を相手の工夫を凝らす。

苦労も面白さも不思議さも、そして喜びも、どれもみな自然が相手のことばかりだ。

「雁皮の木も、冬には実をつけるから野鳥の食卓になって、ボクも嬉しいさね」

西表島．祭りの日

もうひとつの楽しみは、小学生や中学生との触れ合いだ。自分が子どものときに、紙すきに魅せられた体験があるだけに、一人でも強い関心をもつ人が現われることを期待している。

「子どもたちの目は真剣そのもので、キラキラと輝いているね」

古代の紙を甦らせた本原さんにとって、次世代が受け継いでくれることは大きな願いだ。

雁皮紙も子どもを育てるように、一枚つくるのに、種子から育てるから二十年間はかかる。

「一枚一枚の表情が違う。一人一人の顔や性格が違うように。自分の子どものように、朝「おはよう」って起きてきて、「おやすみなさい」って寝るまで、一日中、雁皮紙を見ていても飽きない」

底無し沼のように深い謎の魔力にとりつかれた男の姿があった。

古代紙のロマンの主がターザンだったとは、意外だ。けれど半面、自然こそ命だと考えれば、妙にリアリティがある。

西表島には珊瑚礁と真っ白い砂浜や煌《きら》めくような星砂、色とりどりの魚や貝、そし

清水にあそぶ蝶

て熱帯植物に覆われた魅力がふんだんにある。内外の観光客に憩いと夢を与えて止まない。

　そして同時に、知られざる炭坑の跡が密林の奥深くに沈み、坑夫たち数千人の命が歴史の彼方に置き去りにされようとしている。その一方で、消滅したはずの古代の雁皮紙が一人の男性によって命を吹き込まれた。

　忘れられてきた命と甦ろうとしている命……。豊かな自然のなかで静かな鼓動が聞こえてくる。

◀ヒルギの胎生種子と，風で円を描く木葉

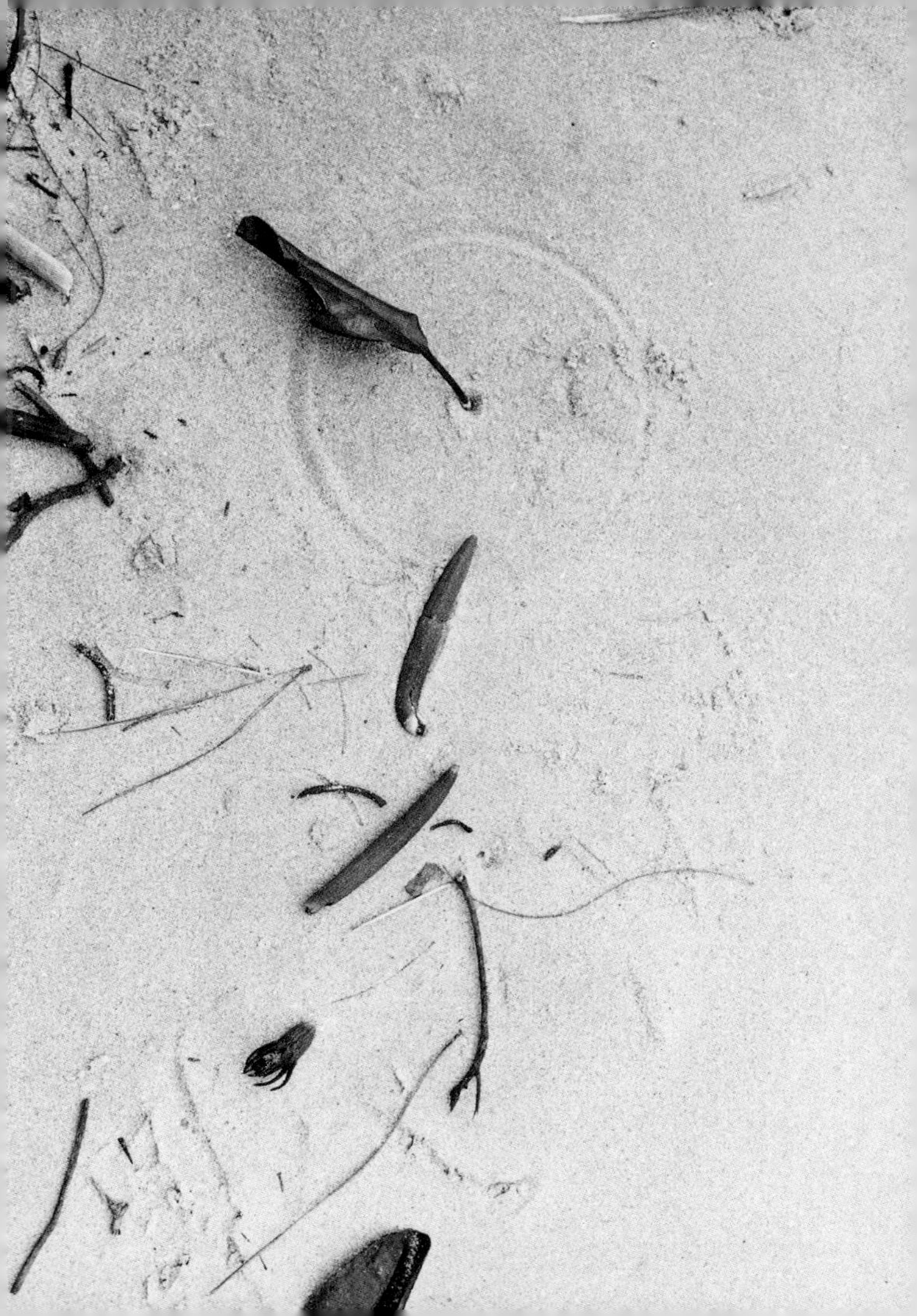

あとがき

雲まじりの空を背景に、デイゴの真赤な花が咲き誇った。蝶が羽を閉じたような一つ一つの花が、かたまって赤い色を強調している。満開の花からのぞいた雄蕊《おしべ》が、ちょうど蝶の胴と足のようになって可愛らしい。

満月の宵、月光の木漏れ日に咲くデイゴの花は月の涙のように光っていた。高い木から風にのって、砂まじりの地に舞い降りた花はどれも、少しずつ形を違えていて、あの時この日の月のようだ。

指先でそっと拾いあげて内側を開く。空に掲げて月に重ねると、まるで皆既日食の神秘的な空のように、月とデイゴがシンフォニーを奏で、私の目を眩ませた。

デイゴの弦月を手のひらに乗せて、路地を歩いた。曲がりくねった人里のどこからか、サンシン(三味線)の音が響いてくる。月の涙を抱えているからか、静かな哀しみをたたえた階調にきこえる。

沖縄ではどの町にもどの村にも、サンシンの音色がある。だれが爪弾いているのだろうかと覗いて見ると、お年寄りだったり若者だったり、少年や少女のこともある。小さな宴のこともあれば、一人で奏でていることもある。人びとが喜びや怒りをたくす、いうなれば心の必需品だ。

沖縄の人びとは戦後アメリカ軍の収容所でも、真っ先にサンシンを作った。といっても、蛇の皮など材料は入手できないから、アメリカ兵が捨てたミルクなどの空缶を利用し、落下傘のひもをほどいて弦にした。だれかれとなく、あちらこちらの収容所で同じものが作られ、奏でられた。これをカンカラ・サンシンと呼ぶ。

「カンカラ・サンシンのお陰で、戦争で痛めつけられた体や気持ちを慰めることができた」

辺野古《へのこ》の海岸で行き合ったお婆さんの深く刻まれた皺が、平坦な人生ではなかったことを物語っている。

「子どもが四人、まだ、幼なかったからね……。収容所で子ども二人と妹、母を死なせた。アワリ(苦しい・辛い)したねー」

優しい目が哀しみで満ちた。

辺野古の先には海兵隊のキャンプ・シュワープがある。岬の沖は、あのヘリポートの建設予定地だ。紺碧の海原に図面が浮かんだり消えたりした。

戦争が終わって長い歳月が過ぎ去ったというのに、沖縄はまだあの戦争の記憶から解放されていない。

アメリカ軍用地の強制使用は占領下では有無もいわせない強権的なものだった。「復帰すれば返される」というウチナーンチュ（沖縄の人）の期待を蔑ろにして、政府は契約を繰り返して二十五年が経った。この間ずっと、親から子や孫にと、土地を取り戻したいという意思は受け継がれている。その堅い決意に、とうとう政府は「駐留軍用地特別措置法改正」に踏み出した。

首相が渡米する「てみやげ」ともいわれる改正案の成立だったが、国民の意向に真に沿った改正かは問われていない。ふと、日本はアメリカの半植民地なのか……と悪い夢にうなされそうになるのは、私だけだろうか。

遥か遠くにある楽園のニライ・カナイから、幸福、長寿、豊穣などをもたらされたという伝説がある。琉球王国から波乱の歴史を経て沖縄県になったウチナーにとって、東方にある邦ヤマトとは何なのだろうか。

曇り空の海辺で青年が爪弾くサンシンの音色に、ウチナーンチュの明るさや優しさの内側に漂う哀愁が重なった。

＊

沖縄の地を初めて踏んだ一九七二年以来、訪れるたびにいくつもの発見と感動があり、また教えられたり考えさせられたりの歳月でした。ここに納めた写真は、そうした二十五年間に撮影したものの中から選んだものです。長年にわたって付き合ってくださる沖縄の皆さまのお陰で、この本ができました。ありがとうございます。また、制作にあたっては岩波書店の編集者である川原裕子さんを始めいろいろな方々にお世話になりました。感謝。

一九九七年　復帰二十五年目の若夏

大石芳野

ザクロの実

めぐり来る若夏の季節に

——現代文庫版あとがきに代えて

南の太陽の光を浴びた首里城は、まさに燦然《さんぜん》と輝く夢の国に迷い込んだかと思うような優美さと品格を備え、威厳も漂わせている。浦島太郎が亀の背中に乗ってやってきた竜宮城はここだったのではないかと想像させる煌《きら》びやかさに、感嘆の思いだ。美しい衣装に身を包んで浦島太郎を歓迎した乙姫様の優しさ、そして時を忘れてしまうほどの歓待や居心地の良さ。女官たちの艶《あで》やかな舞。まるで琉球舞踊の舞台そのものというイメージだ。

その琉球舞踊が海を越えてベトナムの古都フエで演じられた。二〇一六年四〜五月に国際的な祭典「フエ・フェスティバル」が開催され、フエ宮殿内の劇場で琉球舞踊が披露された。その場に居られなくて残念だったけれど、さぞかし人びとは興味深く観たことだろう。

首里城が修復される以前に古都フエの王宮を訪れたことがあった。ここもベトナム戦争のさなかのアメリカ軍による爆撃で大きく破壊された。弾痕が随所に残る痛々しさを晒してはいたけれど、エキゾティックで華麗な面影を残す宮殿を目にしながら、浦島太郎が訪れたのはこちらだったのかもしれない、と想像を膨らませたことがあった。その後、王宮は修復されてほぼ元の姿を甦らせた。そのフエの宮殿と首里城とはよく似ている。どちらからも、中国の影響を受けながらも独自の文化を確立させた様子が見て取れる。

首里城は十四〜十六世紀に建設されたがたびたび焼失し、その度に再建されてきたけれど、最後の破壊があの沖縄戦だった。とりわけ首里では両軍の激しい地上戦が繰り広げられ、双方に多大な犠牲者が出た。さらにアメリカ軍の空爆を受けたことで、城壁以外ほとんど何も残らない無残な姿となった。復帰直後の一九七二年に私が初めて訪れた時は、すでに守礼門は復元され、琉球衣装に身を包んだ女性たちが観光客と一緒に写真を撮るべく待機していた(今でもその様子は変わらない)。けれどその時に私の目を引いたのは守礼門ではなく、琉球石灰岩を用いた石積みの城壁だった。戦禍をくぐり長い時を刻みながら、琉球の変遷を見続けてきたであろう城壁の石たちは、もの言わぬ証言者でもあるような気がして、時のたつのも忘れてただその縁に沿ってゆっくりと歩いた。

琉球文化は中国文化の影響も濃く受けているから、首里城も北京の紫禁城にも似た印象を受けるものの、建物の大きさがまったく違うばかりか、内部の柱や壁などの造

復元中の首里城の扁額「久慶門」

りや朱塗りの絵など、随所に琉球らしさが満ちている。王の象徴としての竜が描かれた朱塗りの丸太の柱はイヌマキの木と台湾ヒノキ、朱色の塗料は琉球漆や中国漆、久米島や台湾の赤土でまかなわれている。琉球が近隣諸国との交流を大切にしてきた証がこの首里城にも集約されているような気がする。

復帰二十周年の記念事業として始められた首里城の復元に当たっては、資料に基づきながらできる限りの資材を調達し工夫を凝らしたようだ。手がける人たちは、各分野で沖縄随一といわれる芸術家、職人たちばかりで、七年、十年、と時間をかけて研究しながら一つひとつの準備を重ね、丹念に作り上げている。その一人である漆作家の前田孝允《こういん》さんの工房を訪ねた。「初め、復元作業にとりかかろうとしたものの、何も残っていない。かつての資料や写真などを見ながら途方もない時間を要した。まだ終わってはいない」と、扁額「久慶門」を復元する作業の手を休めて話した。

戦争は文化財も容赦なく灰や瓦礫にしてしまう。それを悲しく思っているのは、平凡な暮らしをする多くの人たちだ。封建的な仕組みを礼賛する思いからではなく、琉球人として歴史を育んできた精神的な支柱が首里城などの文化財に象徴されていると見るからではないだろうか。

どんな世になろうとも精神文化は人から人へと受け継がれていくのだろう。けれど現実的には世替わりにあえば、人びとの精神も文化もずたずたにされていく。薩摩藩に侵略され、果ては明治政府の廃藩置県によって琉球王国から沖縄県への世替わりの歴史を歩まされた。八重山や宮古諸島では人頭税が重く課せられ、人びとを苦しめたばかりか、宮古島で絣を織る新里玲子さんが語っていたように(二七頁)、染織文化の色や柄などの変容も余儀なくされた。

明治政府によって日本国に組み込まれた利点もあったのかもしれないが、それ以上の苦難を強いられた。とりわけ沖縄戦では住民の四人に一人のいのちが奪われる苦渋の体験をさせられ、そのうえ、アメリカ軍統治下に置かれた。今また、新たなアメリカ軍基地が辺野古に建設されようとしている。沖縄戦さえなければ現在の苦しみはないとも言える。こうした時代を経た琉球文化が、変遷しながらも人びとの誇りとなってその心に浸透している。首里城ばかりではなく琉球文化こそが自分たちのアイデンティティーであり生きる支えだと人びとは考えているように思う。ごく自然なことだろう。

首里城の周辺には樹齢二〜三百年の大木があった。そのなかのアカギは首里城の城壁まで大きく枝を張り、常緑広葉樹ならではの木陰を作って、人びとに涼を与えていた。

けれど戦争で焼け野原となり、鬱蒼とした林も消えた。戦火で焼き尽くされ、灰や瓦礫が辺り一帯を覆って白い地面に変貌したと人びとは語る。かろうじて生き延びたアカギの大木を人びとは「首里城のアカギ」と呼んでいる。実は、生きているかどうかは不明なのだけれど、確実にしっかりと、そびえるように高く立っている。かつて、園児たちと一緒に訪れたアカギがそれだ(五〇頁)。アコウの木が戦火で焼けた大木を支えるように生育している。まるでアカギが息を吹き返したようだ。そのアカギがその後の台風で倒れたと知ってガッカリしたけれど、また息を吹き返したように同じ場所にある。二度の大災難を、寄生するアコウによってではあるが堪え、その形をしっかりと残しているのは奇跡的とも言えそうだ。

単に運が良かったのか。いや、そうではないだろう。人びとの温かい思いが首里城のアカギを蘇らせたに違いない。初夏の光のなかで青々と茂るアカギとアコウ、両者の協調があったからこそ共生し、人びとに感動を与えているのだろう。まさに沖縄の人たちの今日までの歳月を象徴している。だれかれを喜ばせるには、持つものと持たないものとが協力し合うことこそが欠かせないと、私たちに伝えようとしているのではないだろうか。

ウチナーンチュは争いを好まない。とは言うものの日本全国にたくさんの藩が存在していたように、琉球にもいくつもの城郭があって、グスクと呼ばれている。互いの勢力争いで落としたり落とされたりといった戦いがあったことが、発掘された武器や武具などによって示されている。「琉球社会の象徴的な考古学的遺跡」とも言われているだけあって、グスクは互いの力を誇示しあった琉球文化の歴史的な粋《すい》の痕跡とも言えそうだ。

なかでも城郭は見晴らしの良い高台に築かれているから、下から見上げると、残った城壁にも威厳が感じられる。地形に沿った曲線のうねりを巧みに生かしながら琉球石灰岩を積み上げ、なだらかに、ゆるやかに天へと向かうような光景だ。佇んでいると古人の姿が見えてくるように感じる。とりわけ夕方のオレンジ色に輝く斜光を受けた石垣や石段には、出番を控えた大勢の魂が踊っているような気さえすることがある。そこには戦乱の時代もあったろうが、平和な日々もあったろう。民は近づけない城ではあったかもしれないが、そこには崇められるだけの何かがあったのかもしれない。そう思いたい気持ちにとらわれながら、湿った空に浮かぶ淡いオレンジ色の太陽が丘の向こうに沈む様子をぼんやりと見つめた。光の反射を残しながら太陽が山蔭に隠れて間もなく、大きく広がった空が藍色に染まっていった。

藍は沖縄の空のように、海のように、さまざまな濃淡の青を創る。琉球藍から染色する様子を何度か見た。白糸の束を藍甕に浸けたとたん目が離せなくなる。浸けて間もなく取り上げた糸は輝く緑色に染まるけれど、ほんの一瞬のことで、空気に触れるとすぐに青色に変色していく。あの緑色は何なのか、こだわっている間にも甕に浸けた青色が変わっていく。まるで生きているように。いや実際、藍は生きているのだから当然かもしれない。クレヨンの水色と呼ぶような淡い色から濃紺色になるまでの何段階ものトーンを藍は醸し出してくれる。

蓋をした甕で藍を漬け込み熟成させることで、確かに「花が咲いた」状態になる。染色家はこの花の咲き方を見ながら大切に育て熟成させてきた藍に糸を浸して自分の色合いに染める。

藍が生きていることを初めて見せてもらえたのは、芭蕉布《ばしょうふ》の制作をする平良敏子さんの工房を以前に訪ねた時だった。芭蕉の茎から採った繊維を藍甕に浸けて丁寧に、けれど素早く染めていく。その手の動きは小柄な熟年女性のイメージを超えて、逞しい男性のようでもあった。

芭蕉布は今や貴重品になり高価なものになったけれど、かつては暑さを凌ぐ衣として広く愛用されていた。昔の、といっても戦前の写真を見ると、麻や木綿と併用して身に着けている姿が至るところに写っている。

本島北部にある大宜味《おおぎみ》村を訪れたとき、喜如嘉《きじょか》の集落では豊年祭が行われていた。太鼓や歌に合わせて、輪になってウスデーク(臼太鼓)を舞う女性たちの衣装は自分で織った芭蕉布や麻の着物が多い。丹精込めて織っただけに、話題は芭蕉布や麻の紡ぎ方や織り方、柄のことが多かった。やはり女性は染色に心を奪われているのだと、私も自分の布好きを感じながら仲間になったような気分で輪の中に入っていた。嬉しそうに笑い声をたてて話を弾ませる姿を目の前にして、平凡なことが何よりも大事だと教えられているような光景だと思いながらシャッターを切った。

女性たちはグスク時代から、いやそれ以前からもずっと続く祭りの中心的な存在だ。祭りによっても多少の違いはあるけれど、おおむね男性はお客様的な姿で横に控えている。巫女となる資格があるのは女性であるだけに、神に近い存在と位置付けられていると聞く。自分を振り返るとはなはだ疑問もあるけれど、「女は太陽であった」「女は神であった」という感覚が、男性上位の日常的な側面を超えて、ウチナーンチュには生活習慣のなかに残っているような、確かにそんな気がする。

大小さまざまなグスクは城郭ばかりではなく埋葬所や聖なる拝所である御嶽《ウタキ》も含まれることからすると、古代の物語のように神との間に女性が介在するといった琉球特有の社会があったようだ。城壁に沿った内側に狭い空き地のような空間があって、樹木が生い茂る。そこはいかにも祈りの場らしい雰囲気が漂っている。大した知識もなく信心深くもない私でも、古代に通じるような神々しい何かをそこで感じることが少なくない。一緒に歩いていたウチナーンチュが、「なんだか霊気を感じる」と呟いていたことがあった。

月桃の実と芭蕉布の着物

グスクを中心として栄えた琉球王国は、一六〇九年に薩摩藩による侵略を受け、一八七九(明治一二)年には廃藩置県によって沖縄県として日本国に組み込まれた(「琉球処分」)。中国、南北朝鮮、東南アジア諸国、そして日本との個と個の関係で外交や交易を営んで栄えていた琉球王国はここに滅亡した。最後の王となった尚泰王は東京に連行され、その姿は屈辱的なものとして人びとの脳裏に焼き付いている。

その光景がまるで現在進行形でもあるのかと納得せざるを得ないことがあったのは、初めて沖縄を訪れた一九七二年、復帰の年のことだった。親しくなった人たちと泡盛を酌み交わしていたとき、「薩摩にやられた」といった話になった。いかにそれ以来、ウチナーンチュが辛酸をなめる歴史をたどってきたか、といった思いを彼らの言葉で聞いた。居合わせたヤマトゥンチュの私を責めるということではなく、むしろ自分たちの話題としていつものようにさりげなく語り合っていたようだった。それでも私にとっては驚きだった。三百年以上も前の歴史の一ページのような「薩摩藩……」という話題が、自然に口をついて出るとは思いもよらなかった。しかも、沖縄は侵略こそされたが、ウチナーンチュにとっては「平定」も「征服」もされていないと彼らは言う。真剣な話を聞きながら、私はただ深く頷く以外になかった。

歴史に「もしも」はないといわれるけれど、もし薩摩藩に侵略されなかったら、

「琉球処分」もなく、「日本の捨て石」としての多大な被害を蒙った沖縄戦もなく、したがって米軍による二十七年間の統治もなく、今に至る「基地の島」もなかっただろう。米軍の軍事訓練の騒音は尋常ではないから、基地に近い住民には難聴も多い。みな怒っている。怒り続けてもう七十年が過ぎた。

それにもかかわらず軍事基地は強化される一方の印象を受ける。例えば新型輸送機オスプレイが強行配備されることになり、沖縄県の四十一市町村の首長が自ら署名した「建白書」を著した。「オスプレイ配備撤回と普天間の県内移設断念を求める建白書」として政府に手渡したのが二〇一三年一月のことだった。え？　建白書？　今の時代に大げさな……との印象を最初は受けたけれど、県民を挙げての真剣さの表われだと思い改めた。結局、その願いは無視されて、オスプレイは今も激しい騒音と振動音を立てながら沖縄の空を飛び交っている。北部の東村にある高江の集落では、隣接して米軍のヘリパッドが建設されることになり、村民たちは反対の声を上げている。大学で教鞭をとっていたとき、私は院生たちと一緒に高江を訪れたことがあった。昼食をとったレストランは住居も兼ねているから子どももいる。樹木に覆われ庭に続く森からは小鳥のさえずりが響き、谷川の清流の音も聞こえる。自然が豊かな和みの場所だから子どもたちの生育には恵まれていると思う。そこが米軍のオスプレイを始めさまざまなヘリコプターの騒音や排気ガスに乱されることになるのは実に残念だ。

これはまさしく差別だろう。普天間基地と辺野古移設を巡る動きにも体制側の沖縄への構造的な差別意識が横たわっている。辺野古に新たな基地を建設することに対して強い反対の意思がある。県民の多くが「私たちが自ら米軍に基地を提供したことはない」「戦後七十年、これからの百年、百五十年と使用可能な基地は、子や孫のためにも許さない」と口々に訴える。

普天間基地の近くに住み、軍用地主として軍用地料を得ているというある初老の男性は、「すべて戦争直後に、住民たちが避難民として米軍に捕らえられている間に強制的に基地にされ、自分の住処から追放された。私の畑はフェンスの中にある」と語っていた。「ブルドーザーで米軍基地が造られ、反対すると銃を向けられた」という人びとの言葉に、差別されたのだとしか思えないものを覚える。伊江島に住んでいた今は亡き阿波根昌鴻《あはごんしょうこう》さんもその一人だ。彼は身振り手振りを交えながら、私にも繰り返し語ってくれた。彼の人生は「ヌチドゥタカラ(命こそ宝)」だという、人間にとって根源的な主張を貫き通すものだった。

人びとがいかに沖縄戦に苦しんだかは、これまでにも多くの人たちによって発言されてきたし、私も写真と文章で伝えるべく繰り返し努めてきた。けれどあまりにも悲惨きわまりない事実であるだけに、目を背け耳をふさいでしまう人も少なくないだろう。確かに、十四歳から女子学徒は日本軍の医療団の助手として従軍させられ、男子学徒は日本軍の下で戦争に参加しなければならなかったことを、今に重ねては考えにくい。一般の青年女子も、四十歳を過ぎた男性も戦場に引っ張り出された過酷な体験を持つ。「お国のために」戦おうとしたからだと体験者は口々に語る。軍国体制の戦時国家だったから、強制されて従うより仕方がなかったし、日本人として認められたかったからでもあると聞く。

日本で唯一の現地住民を巻き込んだ地上戦の戦場となった沖縄本島といくつかの島では、並みの苦痛では済まされなかったことを、これまでに会った多くの人たちが腹の底から話す。あるいは、ようやく言葉にできたと、苦悩に満ちた表情をのぞかせる。それでもつい、重い話も聞きそびれ、暗い表情も見逃しそうになる。ウチナーンチュの明るさや、優しさが醸し出す相手への気配り、攻撃性のないごく自然なたたずまいなどからかもしれない。同時に、地獄の体験を潜り抜けた内なる深さかもしれない。怒っていても、真剣に話していてもオブラートが彼らを包む。南の太陽のせいという以上に、彼らはお互いに相手を追い詰めない伝統的な考え方を生まれる以前から持ち合わせている。体内に刷り込まれ、習慣化してきたように。

昭和の初め、中国で日本軍が始めた戦争がアジア太平洋にも拡げられ、十五年後の一九四五年には沖縄が戦場になり、地形が変わるほどの激しい戦闘が繰り広げられた。それをウチナーンチュはどう受け止めて翻弄されたのだろう。そして戦後、アメリカに売り渡されたに等しい統治下で、二十七年間もの長い日々をどういう思いで過ごしたのだろうか。

　ウチナーンチュはなぜそんな境遇に置かれなければならなかったのか。資料からも書物からも戦争の経過に関する知識を得ることはできるが、それでも大きく深い疑問は残ってしまう。「なぜ」が消えないなかで思うのは、人間が生きるということはどこかで記憶を封印することでもあり、一方では慣れることでもあろう、ということだ。戦後、アメリカ軍統治による差別にも、ベトナム戦争の特需や景気にも、ドル生活にも、右側通行にも、兵士の事件や事故にも、広大な基地のフェンスにも……。けれど、人びとは決して慣れはしない。

　復帰、それは琉球国に戻るのではなく日本に復帰することだった。あの日本人になりたかったからだ。新しい日本国憲法の下で生きられる日本に、だ。以前の古い明治憲法の下の日本にではなく民主主義が保障された新しい日本の「くにびと」になりたかった。生まれ変わったはずの日本の一員になることを切に願った。けれど、そうならなかった現実に、忸怩たる思いでいた人たちも少なからずいた。

　その一人が初代沖縄県知事の屋《や》良朝苗《らちょうびょう》さんだ。早くも復帰式典の当時から、米軍基地の温存などに、裏切られたような思いを彼は抱いていたと、在任中に聞いたことがある。復帰の推進者でもあっただけに複雑な心境にあるのだという印象を持った。言葉はきついが、彼は日米に騙されたのか……と復帰直後に思ったりもしたという。

なるほどそうだったのかと納得したのは、一九七六年六月の知事退任の挨拶でこう語っていることを知ったからだった。

日本復帰から四十四年の二〇一六年五月十五日、屋良朝苗知事の退任挨拶の記録が沖縄の新聞に掲載された。


「複雑にして怪奇、矛盾の塊に似たような問題を抱えている沖縄」

「沖縄の今日まで置かれている立場は、遺憾ながらあくまでも県民の福祉を第一とするところの立場ではなかった。戦争というのは祖国防衛の盾という手段であったし、異民族支配に任されたということは(日本の)敗戦の処理の手段として(米国に)委ねられた」

「基地のある間は沖縄の復帰は完了したとは言えない」

「沖縄の運命打開にはむしろ鈍角的態勢がいいだろう。……おおらかな気持ちで相手の立場も考えながら何とかして乗り越えていかねばならない」

「今残されている困難はあろうと思うが、必ず乗り越え、打開できるんだという

儀間比呂志さんの版画．刷り上がった「囚われ人」

希望を持って努力していただきたい」　（『琉球新報』二〇一六年五月十五日）

人びとは復帰したら多くの面で「本土並み」になると信じていた。沖縄戦で財産も家族も失ない路頭に迷う状況にあったのだから当然、補償もあるだろうし、福祉制度も保険制度も適用され、米軍基地は確実に減少すると思っていた。日本国憲法に守られた日本人になると疑わなかった。そうした願いが「復帰幻想」を招いたと分析する人もいる。だが現実は、そうした多くの願いから遠いところに人びとは置かれた。県民の期待に応えられないままの復帰となったことを、屋良さんは、たとえ本人の意に反してはいても、退くにあたって初代知事として責任を果たせなかった痛恨の思いを吐露せざるを得なかったのだろう。そして今なお、復帰の在り方に疑問を抱く人たちが少なくない。

アメリカ軍統治下から日本に復帰した時点以来、多くのウチナーンチュが日本国憲法のもとに人間的な生き方を保障されると信じていた。二十七年間の米軍統治下で受けた差別や屈辱もなくなると期待したが、泡を摑むような現実が存在する。実は日米地位協定がどっかりと腰を下ろしたまま動こうとしない。ドイツではとっくにアメリカとの間の地位協定は改善されたというのに、日本ではほとんど変わっていない。アメリカ軍の奴隷にならないで済むと喜んだウチナーンチュの気持ちは裏切られ、復帰した喜びも急速に萎えていった。

こうしたなかで人びとが強く求めているのは「自己決定権」だ。国は米軍の演習場を佐賀空港に求めたが、住民の反対に遭い短期間で取り下げた。けれど沖縄では、長年にわたって住民が強く反対しても辺野古のように押し付けている。まさに自己決定権を認められていない。当たり前のものが沖縄の住民には保障されていないという事態は、まるで植民地のようだ。

米軍基地が存在し続ける限り、住民の不安が拭えないのは当然かもしれない。米軍は兵士だ。兵士は殺人の訓練をする。自分を守る訓練も怠らないだろうが、その訓練の〝成果〟が町や村の住民に向けられることもあることは避けられない。例えば、占領下で六歳の少女が米軍兵士に強姦され殺された。大勢の女性や子どもたちがそうした被害に遭っているが、兵士は大した罪には問われずに帰国する。復帰してからも何ら変わってはいない。住民の人権は蔑ろにされっ放しだ。

軍関係者による事件や事故は後を絶たず、復帰後に住民が犠牲になったケースはほぼ六千件(二〇一六年五月現在)、凶悪事件はその約一割にも達する。国土の〇・六パーセントの面積しかない狭い地域で、これほどまでの被害を受けながら暮らすウチナーンチュの口惜しさはいかばかりだろうか。これまでに何度も「再発防止」「綱紀粛正」

の言葉が連発されたが、日米ともに真剣に、本気で住民のことを考えているのだろうか。

最近でも強姦事件は多々起きているが、なかなか被害者が訴えないから表面化しにくい。二〇一六年三月、女性観光客が米軍兵士に襲われたことで日米が対策を練るワーキングチームを立ち上げた。その二カ月後の五月、二十歳になったばかりの女性が元海兵隊員で現軍属の男性(三十二歳)に強姦され殺害されて恩納村の基地近くの林に遺棄された。彼は結婚し子どももいる。家族を愛する人がなぜ無残な殺害を行なえたのだろうか。「女性に抵抗されたから」と警察で話したらしいが、妻や子が脳裏をよぎらなかったのだろうか。それが兵士としての身を守るための訓練の〝成果〟なのか。軍隊と住民はどこまで共存できるのか。

痛ましく胸が裂かれるような事件だ。女性は突然の出来事に訳も分からず、恐怖に襲われたまま逝ってしまったのだろう。愛する両親や恋人、親しい友らとの絆を余りにも理不尽に絶たれた。親や親族は彼女が遺棄されていた場所で祈り、マブイグミ(魂込み)をした。事故などで命を落とした場合、沖縄では親しい人たちがその場所へ行き魂を拾って帰るという習わしがある。父親は「おとうさんのところに帰るよー。みんなと一緒についてきてー」と森に向かって呼びかけながら嗚咽した。

米軍基地がなかったら、彼女は今日もあのすてきな笑顔で生き生きと過ごしていただろう。希望に満ちた未来に向かう楽しそうな、笑い声が聞こえてきそうな数々の報道された写真を見つめながら、他人ごとではない思いに駆られる。彼女のいのちを奪ったのは犯人の米軍属の男性ではあるけれど、彼だけではない。日米両政府、そして私たちでもあるのではないだろうか。

うりずんから若夏へ向かう季節、緑がいっそう瑞々しくなる。小鳥が木の葉に溜まった雨だれを揺らし、振りまきながら小さく枝から枝を飛び交う。自由なはばたきではあるけれど、どこか悲しげで寂しげな声でチーチーと鳴く。

琉球、沖縄、そこで暮らす人びとの真なる優しさを、どのように表現したら伝えられるのだろうか。もどかしさを感じながら、沖縄戦の終わったとされる慰霊の日をまた迎える。この日も大勢の犠牲者とその遺族たちの魂の出会いがそここにある。人びとは涙にくれながら当時を思い出し、死者たちと語り合う。そうした姿が若夏の空を渡るように静かに響く。小鳥たちのあの鳴き声があの子であったり、あの女性であったり、母さんや父さんであったり……。心なしか、今日も小鳥の声はなんだか寂しそうだ。

一九九七年に初版を刊行した『沖縄　若夏の記憶』が現代文庫として甦ったことは、私にとって感慨深いものがあります。長年、沖縄を訪れているだけに、友だちや知り合いも多く、その方々から教えられ、考えさせられることは今も山のようにあります。心の温かい人たちが多く、私はいつも癒されています。そのひとり、友人の島袋捷子さんには今回この本を刊行にするにあたり貴重な助言をいただきました。そして、編集担当者の入江仰さんには新しく写真を追加するなどのアイディアを頂戴しました。彼女は、なんと、初版の時の校正者でもあったのです。縁を感じています。

お世話になりました多くの方々にこの場をお借りしてお礼を申し上げます。

七十一回目の慰霊の日を前に、沖縄について、また深く思いを巡らせています。

二〇一六年五月

大石芳野

本書は一九九七年六月、岩波書店より刊行された。

沖縄　若夏の記憶

2016年7月15日　第1刷発行

著　者　大石芳野《おおいしよしの》

発行者　岡本　厚

発行所　株式会社　岩波書店
〒101-8002 東京都千代田区一ツ橋 2-5-5

案内 03-5210-4000　営業部 03-5210-4111
現代文庫編集部 03-5210-4136
http://www.iwanami.co.jp/

印刷・精興社　製本・中永製本

ISBN 978-4-00-603301-9　　Printed in Japan

岩波現代文庫の発足に際して

新しい世紀が目前に迫っている。しかし二〇世紀は、戦争、貧困、差別と抑圧、民族間の憎悪等に対して本質的な解決策を見いだすことができなかったばかりか、文明の名による自然破壊は人類の存続を脅かすまでに拡大した。一方、第二次大戦後より半世紀余の間、ひたすら追い求めてきた物質的豊かさが必ずしも真の幸福に直結せず、むしろ社会のありかたを歪め、人間精神の荒廃をもたらすという逆説を、われわれは人類史上はじめて痛切に体験した。

それゆえ先人たちが第二次世界大戦後の諸問題といかに取り組み、思考し、解決を模索したかの軌跡を読みとくことは、今日の緊急の課題であるにとどまらず、将来にわたって必須の知的営為となるはずである。幸いわれわれの前には、この時代の様ざまな葛藤から生まれた、人文、社会、自然諸科学をはじめ、文学作品、ヒューマン・ドキュメントにいたる広範な分野のすぐれた成果の蓄積が存在する。

岩波現代文庫は、これらの学問的、文芸的な達成を、日本人の思索に切実な影響を与えた諸外国の著作とともに、厳選して収録し、次代に手渡していこうという目的をもって発刊される。いまや、次々に生起する大小の悲喜劇に対してわれわれは傍観者であることは許されない。一人ひとりが生活と思想を再構築すべき時である。

岩波現代文庫は、戦後日本人の知的自叙伝ともいうべき書物群であり、現状に甘んずることなく困難な事態に正対して、持続的に思考し、未来を拓こうとする同時代人の糧となるであろう。

（二〇〇〇年一月）

S292
食べかた上手だった日本人
―よみがえる昭和モダン時代の知恵―
魚柄仁之助

八〇年前の日本にあった、モダン食生活のユートピア。食料クライシスを生き抜くための知恵と技術を、大量の資料を駆使して復元！

S293
新版 報復ではなく和解を
―ヒロシマから世界へ―
秋葉忠利

長年、被爆者のメッセージを伝え、平和活動を続けてきた秋葉忠利氏の講演録。好評を博した旧版に三・一一以後の講演三本を加えた。

S294
新島襄
和田洋一

キリスト教を深く理解することで、日本の近代思想に大きな影響を与えた宗教家・教育家、新島襄の生涯と思想を理解するための最良の評伝。〈解説〉佐藤　優

S295
戦争は女の顔をしていない
スヴェトラーナ・アレクシエーヴィチ
三浦みどり訳

ソ連では第二次世界大戦で百万人をこえる女性が従軍した。その五百人以上にインタビューした、ノーベル文学賞作家のデビュー作にして主著。〈解説〉澤地久枝

S296
ボタン穴から見た戦争
―白ロシアの子供たちの証言―
スヴェトラーナ・アレクシエーヴィチ
三浦みどり訳

一九四一年にソ連白ロシアで十五歳以下の子供だった人たちに、約四十年後、戦争の記憶がどう刻まれているかをインタビューした戦争証言集。〈解説〉沼野充義

2016. 7

岩波現代文庫［社会］

S297
フードバンクという挑戦
―貧困と飽食のあいだで―
大原悦子

食べられるのに捨てられてゆく大量の食品。一方に、空腹に苦しむ人びと。両者をつなぐフードバンクの活動の、これまでとこれからを見つめる。

S298
いのちの旅
「水俣学」への軌跡
原田正純

水俣病公式確認から六〇年。人類の負の遺産「水俣」を将来に活かすべく水俣学を提唱した著者が、様々な出会いの中に見出した希望の原点とは。〈解説〉花田昌宣

S299
紙の建築 行動する
―建築家は社会のために何ができるか―
坂茂

地震や水害が起きるたび、世界中の被災者のもとへ駆けつける建築家が、命を守る建築の誕生とその人道的な実践を語る。カラー写真多数。

S300
犬、そして猫が生きる力をくれた
―介助犬と人びとの新しい物語―
大塚敦子

保護された犬を受刑者が介助犬に育てるという米国での画期的な試みが始まって三〇年。保護猫が刑務所で受刑者と暮らし始めたこと、元受刑者のその後も活写する。

S301
沖縄 若夏の記憶
大石芳野

戦争や基地の悲劇を背負いながらも、豊かな風土に寄り添い独自の文化を育んできた沖縄。その魅力を撮りつづけてきた著者の珠玉のフォトエッセイ。カラー写真多数。

2016.7